1 Würde

Jeder Mensch ist wertvoll

Arschlochfaktor:
Meine Würde ist mehr wert als deine

Jeder Mensch hat eine Würde. Das ist ein Moralprinzip, das von der Gleichheit aller Menschen ausgeht. Dabei spielen Geschlecht, Herkunft, sexuelle Orientierung, Alter und Leistung keine Rolle. Die Vereinten Nationen haben sich dies in ihrem ersten Artikel auf die Fahne geschrieben, das scheint aber nicht jedem in seiner ganzen Tragweite bewusst zu sein.

Kurz nach Donald Trumps Amtsantritt konnte die ganze Welt genau diesen Mangel an Tragweite erneut beobachten, als sich der Präsident der Vereinigten Staaten von Amerika bei einer öffentlichen Rede über einen behinderten Journalisten lustig machte. Ein Bild, das sich in das kollektive Gedächtnis aller US-Amerikaner und aller, die es gesehen haben, eingebrannt haben dürfte. Der Fremdschäm-Moment war so groß, dass Meryl Streep in ihrer Rede bei der Golden-Globe-Verleihung 2017 sagte, dieser Vorfall habe ihr das Herz gebrochen.

Genau an diese Geschichte musste ich denken, als ich vor Kurzem mit einer Kollegin ein Podcast-Interview führte. Wir kamen auf das Thema »Würde«, und meine Kollegin sagte ganz beiläufig, dass nur jene Menschen Würde anerkennen und respektieren könnten, die sich selbst als würdevoll erlebten. Unwillkürlich musste ich an Donald Trump und den geschilderten Vorfall denken. Meine Gedankenspirale hörte aber nicht bei ihm auf. Ich dachte an die vielen grotesk schönheitsoperierten Menschen, an Hasskommentare im Internet und an Demonstrationen, auf denen Menschen lautstark fordern, andere Menschen ertrinken zu lassen. Sicher, das sind nicht direkt vergleichbare Problematiken. Was aber, wenn eine der Ursachen für ein solches Gebaren ein gestörtes Verhältnis zur eigenen Würde, zum ureigenen, individuellen Wert ist? Klar, Angst spielt auch eine Rolle, aber hat jemand, der seinen eigenen Wert, seine Würde kennt und schätzt, Angst? Ich bin durchaus geneigt, mit »Nein« zu antworten. Allerdings habe ich auch die Erfahrung gemacht: Immer wenn jemand (ich selbst auch) eine einfache Antwort für ein komplexes Problem parat hat, dann deckt die Lösung nur einen Aspekt eines komplexen Ganzen ab. Ich vermute, so ist es auch in diesem Fall.

Nichtsdestotrotz ist es bereits hilfreich, grundsätzlich davon auszugehen, dass jeder Mensch wertvoll und damit würdevoll ist. Auch wenn wir es nicht immer direkt auf den ersten Blick erkennen können (wie im Fall von Donald Trump).

Die Würde des Menschen ist unantastbar – so beginnt das Grundgesetz der Bundesrepublik Deutschland. Dabei geht es in erster Linie nicht um würdevolles Verhalten, sondern darum, dass jeder Mensch grundsätzlich denselben Wert hat. Ein Obdachloser ist nach diesem Prinzip genauso viel wert wie ein Philanthrop.

In diesem Zusammenhang leiste ich mir mal den Klugscheißermodus und verweise auf Immanuel Kant. Er hat die Würde mal wie folgt beschrieben:

»Dinge sind wertvoll,
wenn wir sie brauchen können.
Ein Schuh ist zum Beispiel wertvoll,
wenn er passt und man mit ihm gut laufen kann.
Wenn der Schuh kaputt ist und
niemand mehr in ihm laufen kann,
hat er keinen Wert mehr.
Bei Menschen ist das anders:
Der Mensch hat immer einen Wert.
Auch wenn er krank ist.
Auch wenn er nicht arbeiten kann.«

Auch der christliche Glaube räumt dem Menschen eine grundsätzliche Würde ein. Einfach, indem er davon ausgeht, dass Gott den Menschen nach seinem Ebenbild erschaffen hat. Damit ist ihm schon mal per se Würde zu eigen. In diesem Zusammenhang geht es vor allem um den Begriff der Würde im Sinne von »wertvoll sein«.

Sprachgeschichtlich ist das Wort »Würde« verwandt mit dem Wort »Wert«. Da haben wir es also. Und der Weg zu »wertvoll sein« ist damit nicht weit. Allerdings gibt es noch ein paar andere Bedeutungen. Zum Beispiel »in Amt und Würden« oder die »Würde eines Amtes«. Da besitzt also ein Posten eine Würde. Ob das die gleiche Würde ist wie die, die beim Menschen unantastbar ist, möchte ich vehement bezweifeln. Wird aber doch öfter mal verwechselt.

Unser Beziehungsstatus mit der Würde ist kompliziert. Selbstverständlich sind wir der Meinung, dass jeder Mensch eine Würde hat und dass diese unantastbar ist. Diese Meinung auch umzusetzen, steht auf einem ganz anderen Blatt. Beispielsweise ist der Umgang mit Flüchtlingen auf dem

Mittelmeer so würdelos, dass man sich wirklich schämen muss. Schämen dafür, dass Staaten ihre Pflichten eklatant verletzen und einfach nicht bereit sind, Menschen in Not aufzunehmen. Was ist das für eine menschenverachtende Einstellung? Sie geht sogar so weit, dass Seenotretter inzwischen kriminalisiert werden, wenn sie Menschen aus überfüllten Schlauchbooten fischen, die die nächsten Stunden auch ohne Sturm nicht überstanden hätten. Italien hat in diesem Zusammenhang gegen internationales Seerecht verstoßen, indem es das Rettungsschiff Sea-Watch 3 aufforderte, die zweiundfünfzig Flüchtlinge an Bord wieder nach Libyen zurückzubringen. Dabei sagt das internationale Seerecht klar, dass Menschen nicht nur aus Seenot gerettet, sondern auch an einem sicheren Hafen an Land gebracht werden müssen. Libyen ist allerdings alles andere als sicher, was die italienische Regierung auch wusste, ihrem damaligen rechtspopulistischen Innenminister schien das aber egal zu sein. 2015 löste ein Pressebild eines ertrunkenen kleinen Jungen noch weltweites Entsetzen aus, vier Jahre später stellt die EU die Seenotrettung ein und kriminalisiert private Rettungsorganisationen.

In Frankreich musste sich ein Bauer vor Gericht verantworten, weil er ein paar Flüchtlinge, die sich verirrt hatten, im Auto mitgenommen hat. In den USA wurden vier Personen verurteilt, die an der mexikanischen Grenze Wasser und Konserven bereitgestellt hatten, damit nicht noch mehr Flüchtlinge dort verhungern oder verdursten.[2]

Arschlochfallen:
Guilty pleasure und andere billigen Freuden

Nicht nur Donald Trump trampelt auf der Würde anderer Menschen herum, ganze TV-Formate leben davon: »Deutschland sucht den Superstar«, »Bauer sucht Frau«, »Germany's next Topmodel«, »Pleiten, Pech und Pannen« und »Frauentausch«, um nur einige zu nennen. Je nach Sender und vermeintlichem Anspruch der jeweiligen Zielgruppe mal mehr und mal weniger würdelos. Ich nehme mich da gar nicht aus, ich lasse mich auch immer wieder von diesen Formaten unterhalten. Es gibt sogar eine eigene Bezeichnung dafür: guilty pleasure – schuldiges Vergnügen.

Und mal ehrlich, wir schauen diese Sendungen doch nicht, weil wir Herrmann, dem einfühlsamen Ziegenhirten, eine romantische Beziehung von Herzen gönnen oder weil wir glauben, dass die verwöhnte Millionärsgattin beim Tausch mit der Hartz-IV-Mama wirklich was fürs Leben gelernt hat. Nein, wir gucken uns das Ganze an, weil wir sehen wollen, wie dumm, unvollkommen und abgefuckt andere sind, damit wir uns am Ende in unserem Nullachtfünfzehn-Leben ein bisschen besser fühlen. Mit Würde hat das nichts zu tun. Aber es ist zutiefst menschlich. Wenn andere doof und würdelos sind, dann fühlen wir uns selbst ein bisschen besser und haben das Gefühl: Gott sei Dank, so schlimm steht es doch noch nicht um mich.

Warum tappen wir immer wieder in diese Arschlochfallen? Japanische Wissenschaftler fanden Anfang des Jahres 2009 eine mögliche Erklärung.[3] Sie wollten wissen, warum Schadenfreude, und damit oft auch die Missachtung der Würde anderer, immer wieder ein Teil unseres normalen Verhaltens ist. In ihrem Versuchsaufbau spielten die Forscher verschiedene Szenarien durch, in denen ihre Versuchspersonen Schadenfreude empfinden könnten. Ein Gefühl, das eng mit jenem Gefühl verwandt ist, das wir empfinden, wenn wir besagte TV-Formate konsumieren. Wenn es nicht sogar genau das ist.

Die Forscher fanden heraus, dass in den Gehirnen ihrer Probanden ordentlich was los war. Und zwar genau in dem Bereich, in dem auch Drogen, Sex und Glücksspiel zu Hause sind: im Belohnungszentrum. Mit anderen Worten: Schadenfreude entfaltet die gleiche Wirkung wie Kokain oder Sex … Aha … Na ja, nicht ganz die gleiche Wirkung, denn wir sind ja körperlich nicht involviert. Aber, so erklärt es auch der Psychologe Manfred Holodynski von der Uni Münster in einem Interview mit der Zeitung *Die Welt:* »Das Unglück anderer kann uns genauso erfreuen wie ein Geschenk.« Die gängige Erklärung dafür ist laut Holodynski: »Schadenfreude wirkt psychisch entlastend und dadurch auch sozial regulierend …«

Schadenfreude ist also zunächst einmal ein Ventil. Ein Ventil, das wir brauchen, um unser komplexes Sozialleben psychisch überhaupt verkraften zu können. Und dieser Mechanismus ist gar nicht neu. Tatsächlich waren die Menschen schon in früheren Jahrhunderten so schlau, diese Funktion der Schadenfreude zu organisieren: Der Hofnarr oder auch das sehr derbe Theater im Mittelalter hatte genau diese Funktion. Schwarzer Humor kommt auch aus dieser Ecke. All das lässt uns unser eigenes Los besser aushalten. Dabei geht es nicht primär darum, dass es uns tatsächlich richtig schlecht geht, sondern darum, die eigene Psyche zu stabilisieren. Und jede Psyche bedarf immer wieder der Stabilisierung, bei einem Millionär genauso wie bei einem Sozialhilfeempfänger – oder eben bei Donald Trump. Man könnte es fast so zusammenfassen: je instabiler die Psyche, umso stärker das Bedürfnis nach Stabilisierung im Außen.

Die Falle, die das Leben uns in diesem Fall aber mal so locker flockig hinrotzt, ist: Wann ist Schadenfreude noch im Rahmen und wann mutiert sie zu würdelosem Verhalten anderen gegenüber? Meine Antwort: Die Grenzen sind fließend, und manchmal steckt der Teufel im Detail.

Dazu fällt mir eine Geschichte ein. Ich muss so um die dreizehn Jahre alt gewesen sein, und, wie so viele Mädchen, war und bin auch ich ein Ponymädchen. Pferde und die Reiterei sind meine Leidenschaft, seit ich laufen kann. Warum auch laufen, wenn man reiten kann? Jahrelang war ich in einer Reitschule und habe meine gesamte Freizeit dort verbracht. Irgendwann hatten wir mal wieder eine Reitstunde, und die Pferde waren durchweg fröhlich. Mit fröhlich meine ich: Es wurde viel gebuckelt, und viele von uns fanden sich im Reitbahnsand wieder. Ein Mädchen traf es besonders hart. Ihr Pony war nicht auf Reitstunde, sondern auf Rodeo eingestellt. Es war so schlimm, dass alle anderen anhalten mussten, und sie und ihr Pony gaben mehrere unfreiwillige Rodeovorführungen in der Mitte. Das war noch nicht so komisch, aber kurz bevor sie tatsächlich runterfiel, rief sie einmal kurz »Hilfe«. Warum, kann ich nicht sagen, aber da wäre ich vor Lachen fast von meinem Pony gepurzelt. Selbst in der Rückschau muss ich noch grinsen, wenn ich daran denke. Als das Mädchen ihr Pony wieder einfing, hat sie mir und allen anderen ordentlich darüber die Meinung gegeigt, was sie von unserem Verhalten hielt. Auch das Gefühl habe ich noch präsent: Mir wurde schlagartig klar, wie peinlich ihr die Situation war und wie schlecht sie sich fühlte. Trotzdem musste ich immer wieder lachen.

Vermutlich war mein Lachen auch ein Versuch, mit der Situation umzugehen. Heute würde ich mich in so einer Situation im Nachhinein entschuldigen. Trotzdem würde ich auch lachen, keine Frage. Auch mein Gehirn funktioniert nach den zuvor beschriebenen Mechanismen. Aber heute würde ich schauen: Lacht die Betroffene mit, oder trifft es sie auf eine andere Weise? Im zweiten Fall ist immer eine Entschuldigung angebracht. So ein differenziertes Verhalten konnte ich mit dreizehn noch nicht an den Tag legen.

Besserung tritt erst ein, wenn wir uns unseren Unvollkommenheiten stellen. Ohne nach Entschuldigungen zu suchen, ohne uns vor anderen und uns selbst dann doch wieder besser machen zu wollen, als wir sind. Wir sind unvollkommen, und wir suchen für unsere Unvollkommenheit immer wieder Ventile. Wenn es uns gelingt, diese Unvollkommenheit zu akzeptieren, dann gelingt es uns vielleicht mit der Zeit, uns Ventile zu suchen, die die Würde anderer Menschen nicht beschädigen und damit auch unsere eigene Würde intakt lassen. Denn wie würdelos müssen wir selbst sein, wenn wir unsere Würde nur aufpolieren können, indem wir die Würde anderer mit Füßen treten. Das ist selbst eines Hofnarren unwürdig.

Arschlochbremsen:
Gut ist, wer Gutes tut

Klar ist es einfach, im Fernsehen, im Internet oder in der Boulevardpresse würdeloses Verhalten zu identifizieren und zu verurteilen. Unseren eigenen Anteil daran können wir dabei fein hinterm Berg halten und die grundsätzliche Verantwortung ein Stück weit von uns weisen. Was ist aber mit uns selbst? Wo geben wir im Alltag die eigene Würde oder die Würde anderer mal eben an der Garderobe ab?

Im Berufsalltag vergessen wir schnell, den Menschen an sich zu sehen und zu würdigen. Als ich noch in der Finanzdienstleistung arbeitete, hatte ich öfter Termine beim Vorstand. Einmal sollte dieser Termin am Freitag gegen 16 Uhr auf Abruf stattfinden. In diesem Unternehmen war normalerweise freitags um 13 Uhr Feierabend. Da ich eh noch ein paar Sachen abarbeiten wollte, beschäftigte ich mich während meiner Wartezeit damit. Um 17 Uhr wurde ich immer noch nicht gerufen, gegen 17 Uhr 30 rief ich bei der Vorstandssekretärin an. Sie hatte bereits auf ihr Handy umgestellt und war im Wochenende. Der Vorstand übrigens auch. Der Termin war auf die folgende Woche verschoben worden. Im Prinzip kein Beinbruch. Shit happens, und jeder vergisst mal irgendwas. Voraussetzung dafür ist aber, sich zu entschuldigen. Dann ist alles prima. In diesem Fall blieb die Entschuldigung jedoch aus. Es war einfach üblich zu springen, wenn der Vorstand pfiff, und wenn er nicht pfiff, so what? Ein Verhalten, das in vielen Vorstandsetagen gang und gäbe ist. Schließlich ist der Vorstand ja superwichtig, und alle anderen arbeiten ihm zu. Tatsächlich?

In diesem Fall fällt mir ein Zitat aus dem Film »Spiderman« ein: »Aus großer Macht erwächst große Verantwortung.« Das sagt Peter Parkers (Spidermans) Onkel Ben in einer Schlüsselszene. Ich würde mir wünschen, jeder Vorstand dieser Welt hätte einen Onkel Ben. Ja, selbst jede Führungskraft könnte einen Onkel Ben gebrauchen. In dem Moment, in dem wir uns selbst für wichtiger halten als den anderen, verhalten wir uns würdelos, ohne es zu merken. Dazu fällt mir noch ein Spruch ein, der auf Facebook immer mal wieder die Runde macht: Es interessiert mich nicht, wie du dich beim Vorstand verhältst, es interessiert mich, wie du mit der Putzfrau sprichst.

Würde muss nicht immer etwas wahnsinnig Großes sein. Würde beginnt im Kleinen. Jeden Tag. Würde hat nicht so viel damit zu tun, wie wir uns sehen oder wonach wir streben. Würde drückt sich in unserem Handeln aus.

Ich habe vor einiger Zeit eine Idee von den Stand-up-Comedians Moritz Neumeier und Til Reiners übernommen. In einem ihrer Podcasts unterhalten sie sich darüber, wie schwer es ist, ein guter Mensch zu sein. Dabei bringt Neumeier das Beispiel, dass er, wie viele andere auch, am Bahnhof täglich an sehr vielen Bettlern vorbeigeht. Und was soll man auch machen? Man kann ja nicht jedem was geben. Also gibt man nix. Eine Argumentation, die mir sehr geläufig ist. Nun ist er aber auf die Idee gekommen, dass er jedes Mal einem der Bettler eine große Summe gibt, die ihn schon schmerzt, aber die er gerade noch erübrigen kann. Einfach, weil es ihm im Grunde nicht wehtut und er auf diese Summe an diesem Tag locker verzichten kann. Es waren zwischen 20 und 50 Euro. Allen anderen gibt er nichts, und der Erste hatte eben Glück.

Diese Idee hat mich gepackt! Hier mal ein Euro und da mal ein Euro, da war ich auch nie dabei. Aber diese Idee fand ich super. Also habe ich sie ausprobiert. Ach ja, und Geben ist natürlich immer an keine Erwartungen geknüpft … Haha … Genau. Ich war ziemlich pikiert, als der erste Bettler einfach meinen Zwanzigeuroschein genommen und den nächsten Schnapskiosk angesteuert hat … Also bin ich kurz wieder von der Idee abgekommen, weil ich nicht wollte, dass mit meinem Geld – was für eine ungeheuerlich arrogante Denkweise! – Schnaps konsumiert wird. Trotzdem ließ mich die Idee nicht los, und ich beschloss: Geben ist immer ziellos und ohne Erwartungen. Wer mit einer Erwartungshaltung gibt, kann es gleich lassen.

Als ich einmal beruflich in Köln war und mich auf dem Weg in Richtung Hauptbahnhof befand, sah ich in der Nähe der Domplatte einen Mann mit einem bildschönen Husky nach Kleingeld fragen. Der Hund war so wahnsinnig gepflegt, und die zwei waren so innig miteinander, dass ich hinging und dem Mann 50 Euro gab. Seine Freude hat mich sehr gerührt. Er hat mir noch von seinen anderen zwei Hunden erzählt und dass er und sein Vater nun diese Woche nicht mehr betteln müssten. Mit einem Betrag, den ich am Abend für ein Abendessen ausgegeben hätte. Ich fühlte mich großartig nach dieser guten Tat und hielt mich für einen richtig guten Menschen.

Bevor mein Zug abfuhr, hatte ich noch ein wenig Zeit. Ich setzte mich am Kölner Dom in die Sonne und schaute dem Treiben auf der Domplatte zu. Und da sah ich den Mann mit seinem Hund wieder. Er gab einer älteren Bettlerin einen Teil seines erbettelten Kleingelds und den anderen Teil einem Straßenkünstler. Dann ging er zum Dom und spendete noch etwas Kleingeld für die Domerhaltung und ging beschwingten Fußes davon. Da habe ich mich geschämt. Ich habe mich dafür geschämt, wie großkotzig gut ich mich noch vor ein paar Minuten gefühlt und dass ich mich für eine wahre Samariterin gehalten habe … Würde und wahre Größe erwachsen nicht daraus, wie viel du verdienst oder was du alles erreicht hast. Wahre Größe entsteht aus gelebten Werten. Aus der Auseinandersetzung darüber, welcher Mensch du bist und welcher Mensch du gern sein würdest. Heute schäme ich mich nicht mehr für meine Arroganz. Heute freue ich mich über die Lektion, die ich an diesem Tag gelernt habe.

Leider setzen wir uns in unserer Leistungsgesellschaft oft nur damit auseinander, was wir im Leben erreichen wollen. Wir formulieren Ziele in Ort, Zeit und Form. Beispielsweise wollen wir bis zum Urlaub fünf Kilo abnehmen. Der Ort ist klar: zu Hause. Die Zeit ist mit »bis zum Urlaub« auch klar definiert, und die Form sind die fünf Kilo. Ein anderes Beispiel wäre: im nächsten Jahr den Berlin-Marathon zu laufen. Ort: Berlin beziehungsweise Training zu Hause. Zeit: Datum des Marathons; Form: das Training. Unseren Charakter, unsere Persönlichkeit lassen wir dabei gern außen vor. Das Dumme ist nur: Im Leben gibt es nicht wirklich etwas zu erreichen. Zumindest nicht auf Dauer. Wir erreichen immer nur Zwischenziele. Es nützt überhaupt nicht, der reichste Mensch auf dem Friedhof zu sein. Am Ende freuen sich Würmer, Käfer und Maden genauso an dir wie an allen, die ärmer und weniger erfolgreich waren. Wenn ich an den Mann und seinen Hund von der Domplatte denke, dann sehe ich einen Menschen, der weiß, wer er ist und wer er gern sein will. Ihm waren seine Werte bewusst. Das ist heutzutage selten, egal in welcher gesellschaftlichen Schicht. Nicht dass wir uns falsch verstehen, ich kenne sehr viele sehr gute Menschen, aber nicht so viele, die ihren eigenen Wertekanon so klar präsent haben wie dieser Mann. Mich eingeschlossen. Ich arbeite daran und bin sehr dankbar für dieses Erlebnis.

Drei Tipps für ein würdevolles Miteinander

1. Frage dich, was für ein Mensch du sein willst. Ein guter, das ist schon mal klar. Aber höre nicht auf zu fragen, denn jetzt wird es erst spannend. Woran erkennst du, dass du ein guter Mensch bist? Was tust du aktiv dafür, ein guter Mensch zu sein? Und die Schlüsselbegriffe sind »aktiv« und »tun«, nicht »glauben« oder »denken«! Was sind deine Werte? Was ist dir wichtig im zwischenmenschlichen Bereich?
Zugegeben, das sind alles keine einfachen Fragen, und die Antworten sind nicht leicht umzusetzen und manchmal auch schwer auszuhalten. Denn sie beinhalten das Scheitern. Aber genau das ist es: Man muss immer wieder ran und darf nicht aufgeben. Ich vergesse meine guten Vorsätze auch immer wieder. Aber ich beginne jeden Morgen wieder von Neuem.

2. Freue dich abends über drei Dinge, die dir im Hinblick auf Werte und Würde an diesem Tag gut gelungen sind. Das können Kleinigkeiten sein, wie etwa, der Kassiererin im Supermarkt in die Augen zu schauen, sich zu bedan-

ken und ihr einen guten Tag zu wünschen. Oder in der Bahn für jemanden aufzustehen oder einfach mal nicht zu drängeln. Wenn du dir das jeden Abend einmal bewusst machst, dann wird dein Blick geschärft, und du merkst, dass du gar nicht so schlecht bist, wie du manchmal denkst. Und genau da beginnt das Bewusstsein für die eigene Würde.

3. Pflege einen würdevollen Umgang mit dir selbst. Hast du mal beobachtet, wie du mit dir selbst sprichst? In der Regel gehen wir mit uns selbst am schlechtesten um. Ich kenne das sehr gut. Wenn mir irgendetwas nicht gelungen ist, dann neige ich oft dazu, mich im Geist selbst zu beschimpfen. Und wenn ich mich nicht beschimpfe, dann habe ich Gedanken wie »War ja klar, dass du es nicht hinkriegst.«
Der Autor und TV-Moderator Eckart von Hirschhausen hat mal gesagt, dass wir keine Freunde hätten, wenn wir mit anderen Menschen so sprechen würden wie mit uns selbst. Recht hat er. Daraus entsteht aber das Problem, dass wir diese Sprache gewohnt sind und – wenn auch in sehr eingeschränkter Weise – sie nach außen tragen. Mit anderen Worten: Ein würdevoller Umgang beginnt immer bei uns selbst. Denn auch unsere eigene Würde ist unantastbar.

2

Respekt
Respekt, Digga

Arschlochfaktor:
Respekt kann man nicht einfordern

Mit dem Respekt ist das so eine Sache: Jeder will respektvoll behandelt werden, scheitert aber oft daran, anderen Respekt zu zollen. Denn Respekt ist ganz schön anstrengend. Warum eigentlich? Und was ist Respekt überhaupt?

Respekt hat laut Wortdefinition im Duden verschiedene Bedeutungskomponenten. Zum einen beinhaltet er Achtung vor etwas oder jemandem, aber zum anderen auch Angst und Unsicherheit vor einer Situation oder einem Menschen. Wer zum Beispiel Respekt vor Schäferhunden hat, bewundert weniger ihre Fähigkeiten, sondern hat eher Sorge um die Unversehrtheit des eigenen Hosenbeins. Wer aber einer Person Respekt entgegenbringt, der ist von einer Leistung oder einem Verhalten positiv beeindruckt. Zumindest hoffe ich das …

Warum der Begriff mehrere Bedeutungen hat, lässt sich vielleicht auf seinen Ursprung zurückführen. Respekt stammt von dem lateinischen Wort *respectio*, das Rückschau, Einschätzung, Betrachtung, Wieder-Schau im Sinne von Beurteilung bedeutet. Damit wird hinsichtlich des Schäferhundes und der Achtung ein Schuh draus: Aus der Rückschau, also unserer Erfahrung, bilden wir uns eine Meinung, schätzen etwas oder jemanden ein und beurteilen dann das Ganze.

Aha, so weit, so gut. Was hat das aber mit der verstärkt um sich greifenden Respektlosigkeit zu tun? Denn genau das ist doch hier Phase, oder nicht? Ja, ist es. Und es soll eben genau um den Respekt gehen, der mit Achtung gleichgesetzt wird, und nicht um die Vierbeiner und die Sorge um gelochte Hosenbeine. Interessant in diesem Zusammenhang ist doch, dass Respekt offensichtlich, zumindest wenn man dem Sprachstamm folgt, etwas mit den eigenen Erfahrungen zu tun haben muss. Mit anderen Worten schauen wir uns ein Verhalten einer Person an, vergleichen mit dem, was wir so auf unserer Erfahrungsfestplatte gespeichert haben, und beurteilen dann, ob uns das Ganze Respekt abnötigt oder nicht.

Ich kann mich noch gut daran erinnern, wie mein Vater mir während der Pubertät ständig Respekt abforderte. Respekt für dies, Respekt für das ... Das ging mir damals ziemlich auf den Zünder, denn ich konnte nicht sehen, warum mir das Respekt abnötigen sollte. Meiner jugendlich-rebellischen Ansicht nach sollte man sich Respekt gefälligst verdienen. Alte Menschen zum Beispiel waren für mich nicht per se Respektspersonen, sondern zunächst einmal nur alt. Wovor sollte ich da Respekt haben? Alt wird man schließlich von ganz alleine. Damals fand ich, dass das keine besondere Leistung sei. Ich konnte zu dem Zeitpunkt einfach noch nicht verstehen, was zum Altern dazugehört. Klar, es war ja auch noch keine entsprechende Erfahrung auf meiner Festplatte abgespeichert. Und was ich überhaupt nicht auf dem Schirm hatte, war, dass Respekt etwas mit Menschenwürde zu tun hat. Nämlich grundsätzlich die Würde eines jeden Menschen zu respektieren. Selbstverständlich wollte ich auch als Mensch respektiert werden und fand das natürlich ganz normal. Eine Sollbruchstelle in meiner Logik konnte ich nicht erkennen. Ich konnte nicht erkennen, dass ich für mich Respekt als Mensch haben wollte und ihn anderen Menschen per se nicht zollte. Die sollten sich meinen Respekt gefälligst verdienen … Wie war das noch mit dem Typen, der den Wald vor lauter Bäumen nicht sieht?

Arschlochfallen:
Warum haben wir Respekt?

Respekt ist etwas Grundsätzliches, ein Wert, der die Basis für einen wertschätzenden Umgang miteinander ist. Da muss man dann auch schon mal in Vorleistung gehen. Denn Respekt ist nichts, was wir einseitig einfordern können, er ist eben keine Einbahnstraße. Respekt ist etwas, das man bekommt, wenn man es gibt.

Ich wollte das Beispiel eigentlich nicht bemühen, aber es ist einfach zu verlockend: Donald Trump genießt im internationalen Politikzirkus als Person keinen Respekt, weil er sich nicht respektvoll verhält. Mir hat sich die Szene ins Gehirn gemeißelt, als er Angela Merkel im März 2017 trifft und die beiden zum Fototermin im Weißen Haus zusammenkommen. Trump verweigert das obligatorische »Handshake-Bild«. Eine Geste, deren Symbolkraft ihm sicherlich bewusst war. Die Bundeskanzlerin ist sichtlich bemüht, und Trump verhält sich vollkommen respektlos ihr gegenüber, aber auch gegenüber ihrem Amt. Selbst als Reporter den Handschlag für ein Foto einfordern, überhört er das Ganze mit einer merkwürdigen Form des Trotzes. Merkwürdig deshalb, weil sie seinem Amt nicht angemessen ist.

Ich gehe davon aus, dass er ein Zeichen setzen wollte, grundsätzlich vor nichts Respekt zu haben und alles infrage zu stellen, was bisher auf der politischen Bühne üblich war. Das ist ihm wohl gelungen. Allerdings wage ich zu bezweifeln, dass er sich des Effekts tatsächlich bewusst war und ist. Den Respektvorschuss, den sein Amt mit sich brachte, hat er in diesem Moment mit einer kleinen Geste komplett verwirkt. Und das nicht nur auf der menschlichen Ebene. Auch in der deutschen Öffentlichkeit ist der Respekt vollkommen futsch.

Inzwischen ist hinlänglich bekannt, wie beleidigt der Mann auf Twitter reagiert, wenn ihm nicht der Respekt gezollt wird, den er zu verdienen meint … Wenn ihm überhaupt noch Respekt entgegengebracht wird, dann richtet er sich auf das Amt, das er innehat. Fans sind in dieser Beschreibung natürlich ausgenommen.

Amt oder Person? Das ist ein großer Unterschied. Diesen Unterschied finden wir übrigens nicht nur in der Politik, sondern überall. Im Beruf, in der Öffentlichkeit, in Vereinen, in der Freizeit und auch privat. Denn unser soziales Miteinander ist in sehr vielen Bereichen in mehr oder weniger feste Rangordnungen aufgeteilt. Mal ganz offiziell wie beispielsweise im Job, aber auch inoffiziell wie etwa im Freundeskreis. Die Kunst ist nun, zu unterscheiden, ob mir oder meiner Position Respekt gezollt wird. Das ist gar nicht so einfach, wie es zunächst klingt. Denn je höher und machtvoller die Position, umso mehr Respekt wird gezeigt. Und dann tappen wir schnell in die Falle, dass wir den Positionsrespekt mit Respekt gegenüber unserer Person verwechseln. Da ist es dann ziemlich schnell ziemlich schwierig, kein Arschloch zu sein.

Nehmen wir ein Beispiel aus dem Freundeskreis. Jeder hat in seinem Freundeskreis so etwas wie den Rädelsführer. Wenn es nicht klar ist, was man einem Pärchen zur Hochzeit schenkt, entscheidet der Rädelsführer. Wenn nicht klar ist, was am Spieleabend gespielt wird, entscheidet er. Ist ja auch nichts dabei. In der Regel handelt es sich um gute Entscheidungen, und am Ende des Tages sind wir halt Herdentiere und laufen mit der Herde mit. Das finden wir mal gut und mal nicht so gut. Das Problem des Rädelsführers ist nun: Da er sehr häufig recht bekommt, hält er sich irgendwann für ein richtig schlaues Kerlchen. Klar, ihm wird ja auch oft recht gegeben. Was nicht heißen muss, dass er tatsächlich recht hat. Übrigens, Mädels, ihr könnt das »er« jederzeit mit »sie« austauschen, Arschloch ist genderfrei.

Kommunikativ ist die Rädelsführer-Arschlochfalle recht einfach zu erklären: Wir messen unseren eigenen Wert an der Reaktion der anderen. Woran auch sonst? Unser Selbstwert beruht im Prinzip auf einfachen Beobachtungen. Nämlich jenen, die wir in der Interaktion und Kommunikation mit anderen machen. Daraus ziehen wir Rückschlüsse auf unsere eigene Person. Wenn uns also jemand in einem Gespräch signalisiert, dass er unserer Meinung ist oder unsere Idee sogar toll findet, dann ziehen wir den Schluss, dass wir ein recht cleveres Exemplar unserer Gattung sein müssen. Schließlich ist da jemand von unserer Idee begeistert. Außerdem wurde die Idee auch schon aufgenommen und die Umsetzung geplant. Noch ein weiteres Indiz dafür, dass wir Supertypen sind. Was wir nur so am Rand mitbekommen haben, waren die Ideen der anderen. Aber die sind ja auch nicht durchgekommen, die waren halt nicht so gut. Tatsächlich? Waren die Ideen wirklich nichts, oder haben wir einfach nicht zugehört? Haben wir da vielleicht jemanden mal kurz gegen die Wand gequatscht? Oder haben unsere Groupies uns einfach nur mal wieder recht gegeben?

Solche Fehleinschätzungen passieren uns nicht nur im Privatleben, auch im Job sind sie eher die Regel als die Ausnahme. Zum einen aufgrund noch klarer Machtstrukturen (hierzu später mehr) und zum anderen, weil aus dem Respekt vor dem Amt – wenn wir eine Führungsposition innehaben – ganz schnell der Angstrespekt wird.

Hierzu möchte ich einen Schwank aus dem echten Leben erzählen, aus meinem Leben … Meine berufliche Karriere habe ich in der Werbebranche begonnen. Zu meiner Anfangszeit herrschte in vielen Agenturen ein unglaublich rauer, respektloser Ton. Es gab die Creative Directors, und es gab alle anderen. Okay, die hatten auch Titel, und die mit den Seniortiteln standen in der Hackordnung noch über den Junioren, aber auch den mit Seniortiteln Gesegneten wurde vom Creative Director immer wieder fröhlich in die Suppe gespuckt. Am Arsch waren natürlich die Junioren. Die mussten den Senioren zuarbeiten, sie durften in der Regel keine eigenen Ideen umsetzen, sondern die Ideen der Senioren abarbeiten. Dann dackelte der Senior zum Creative Director, und das Spielchen ging von vorne los. Denn auch der Senior durfte sich nicht kreativ austoben. Das durfte nur der Creative Director. Je nachdem, wie die Agentur gestrickt war – kreativ getrieben oder beratungsgetrieben –, musste der Creative Director sich dann noch mit dem verantwortlichen Berater prügeln und sich ggf. unterwerfen. Umsetzen mussten es natürlich wieder die armen Hunde am Ende der Nahrungskette. Wenn das Spiel bis zum Exzess durchgespielt war, rauschten Berater und Creative Director zum Kunden. Der fand es dann gut oder eben nicht. Und bei »eben nicht« ging das Spielchen wieder von vorne los.

Eine Arbeitsweise, die nicht nur wahnsinnig ineffizient ist, sondern auch noch unglaublich respektlos. Nicht nur, dass der Leistung der Menschen kein Respekt entgegengebracht wird, auch mit ihrer Lebenszeit wird maximal respektlos umgegangen. Ich kann mich daran erinnern, dass ich in meinem ersten Job mehrfach die Nacht durchgearbeitet habe und erst mittags nach Hause gefahren bin, um am nächsten Tag wieder pünktlich um neun Uhr auf der Matte zu stehen. Ich hatte zwar noch das Glück, nicht zur Generation »Praktikum« zu gehören, und bekam gleich ein recht gutes Einstiegsgehalt, aber meine »Fußvolk-Kollegen« und ich haben irgendwann den Fehler gemacht, unseren Stundenlohn auszurechnen. Zweistellig war der bei Weitem nicht … So bürgerte sich bei uns der zynische Spruch ein: »Ich bin so gut, ich bin mein Wahnsinnsgehalt einfach wert.« Irgendwann schrie mich ein Creative Director quer durch das Großraumbüro an, wie dämlich ich sei und ich sollte – O-Ton – meinen fetten Kreativarsch sofort in sein Büro bewegen … Ja, der Mann war ein Arschloch. Und er merkte es nicht mal. Er ist nämlich durch die gleiche Schule gegangen, und niemand hat ihm, als er endlich oben angekommen war, gesagt, dass er jeglichen Respekt vor seinen Kollegen verloren hatte. Als er meine geistigen Fähigkeiten mal wieder in einem Meeting vor versammelter Mannschaft infrage stellte, habe ich ihm Paroli geboten, denn ich hatte schon einen neuen Job. Bei dieser verbalen Attacke stand er ziemlich dicht vor mir, was seine Gewohnheit war. Er war ziemlich klein, etwa einen halben Kopf kleiner als ich. Und da ich auch nur durchschnittlich groß bin, war er kleiner als alle anderen in der Agentur. So bot sich uns also öfter das Bild eines kleinen Rumpelstilzchens, das sich ganz nah vor jemanden stellte, um ihn zur Sau zu machen. Wenn man genau vor ihm stand, dann war das auf jeden Fall unangenehm, aber für alle anderen war das Bild, das er abgab, zum Schießen. Entsprechende Witze wurden darüber gemacht, und ein paar Illustratoren haben dazu recht gute Karikaturen angefertigt. Auch nicht respektvoll, aber hey …

Da die Reaktion der in dieser Manier Angepfiffenen immer die vom Creative Director gewünschte war, ging er natürlich davon aus, dass er sich damit als Person maximalen Respekt verschaffte. Das Gegenteil war der Fall: Respekt hatten wir vor seiner Position. Er konnte uns nämlich jederzeit feuern. Aber vor seiner Rumpelstilzchennummer hatte niemand auch nur ein Fünkchen Respekt und für ihn als Person schon gar nicht. Er war halt ein Arschloch.

Um zu meiner Geschichte zurückzukommen: Ich hatte bereits einen neuen Job und wollte sowieso in der besagten Woche kündigen. Da kam Rumpelstilzchen mir mit seiner Anpfiffnummer zuvor. Er baute sich vor mir auf und plärrte los, wie blöd ich doch sei und ob ich glaubte, jedem Blondinenklischee gerecht werden zu müssen … Worum es tatsächlich ging, weiß ich gar nicht mehr, aber mein Herz klopfte bis zum Hals. Dann schloss er mit irgendeiner Frage, wie es so seine Art war, um mir die Möglichkeit zu geben, mich zu rechtfertigen. In dem Moment hab ich kurz auf ihn runtergeschaut und gesagt: »Pass mal auf. Stell dich auf nen Stuhl, wenn du was von mir willst, dann kannst du mir wenigstens in die Augen gucken.« Dann habe ich mich umgedreht und ziemlich zügig den Raum verlassen. Ich war dabei nicht annähernd halb so cool, wie sich die Geschichte jetzt anhört. Auf dem Weg zu meinem Tisch habe ich angefangen zu weinen und bin für den Rest des Tages nach Hause gefahren.

Erstaunlicherweise hat mir genau dieser Creative Director ein super Zeugnis ausgestellt. Vielleicht hat ihm meine Reaktion Respekt abgenötigt. Gesprochen haben wir über den Vorfall nicht mehr. Meine verbleibende Zeit in der Agentur waren wir beide damit beschäftigt, einander aus dem Weg zu gehen.

Wer keinen Respekt gibt, kann auch keinen erwarten. Mein Verhalten ist damit nicht zu rechtfertigen, denn in der Situation war ich das Arschloch. Wer sich verteidigt, indem er körperliche Defizite anderer Menschen zur Verteidigung nutzt, ist ein Arschloch, egal ob das Gegenüber es verdient oder nicht. Denn es hätte sicher auch andere Möglichkeiten der Verteidigung gegeben. Und vor allem wäre es respektvoll gewesen, die Sache nicht so weit eskalieren zu lassen. Für mich das perfekte Beispiel dafür, dass Respekt auch etwas damit zu tun hat, dem anderen sein Verhalten richtig zu spiegeln. Das war mir damals noch nicht möglich. Ich hatte keine Ahnung, dass ich die Position meines Chefs respektieren und trotzdem Grenzen setzen kann, indem ich beispielsweise auf einen angemessenen Ton hinweise. Schweigend den Raum zu verlassen wäre eine weitere Möglichkeit gewesen.

Arschlochbremsen:
Respekt ist keine Einbahnstraße

Ich bin mir ziemlich sicher, dass dir als Leserin sofort andere Menschen einfallen, die sich, wie mein Creative Director, im Job maximal respektlos verhalten und trotzdem Respekt einfordern. Geht mir genauso. Allerdings verhalten wir selbst uns in ähnlichen Situationen oft nicht anders und merken es auch nicht. Eben weil wir unser Verhalten nicht gespiegelt bekommen. In meinen ersten Jahren als Führungskraft habe ich mich in dieser Hinsicht sicherlich nicht mit Ruhm bekleckert. Einfach weil ich immer wieder in meine vorpubertären Ansichten zurückgefallen bin, dass sich meine Leute meinen Respekt doch erst einmal verdienen müssten. Finde den Fehler …

In der Öffentlichkeit können wir diese kleinen, aber ungemein fiesen Respektlosigkeiten auch immer wieder beobachten. Zum Beispiel beim Einsteigen in Bus und S-Bahn. Hin und wieder wird mal einer älteren Dame Platz gemacht. Aber selbst die hat es drängeltechnisch schon faustdick hinter den Ohren. Und die junge Dame mit dem Kinderwagen nutzt das Transportgefährt ihres Nachwuchses inzwischen regelmäßig dazu, andere Passagiere abzudrängen und ihren Platz weiter vorne in der Hackordnung zu sichern. Männer nutzen einfach ihr breites Kreuz. Das kommt dir übertrieben vor? Dann fahr mal in Hamburg zu den Hauptstoßzeiten U-Bahn.

Eine andere kleine Respektlosigkeit ist jedem schon mal durch den Kopf gegangen: an der Kasse im Supermarkt kurz nach Feierabend, wenn die Rentner vor einem anfangen, nach Kleingeld in einem viel zu kleinen Portemonnaie zu kramen. Die haben den ganzen Tag Zeit, müssen die ausgerechnet jetzt …! Achtung: Arschlochalarm! Wer bist du, dass du bestimmen willst, wer wann einkaufen gehen darf und wer wen dabei wann stört? Vielleicht denkt sich der Rentner ja auch: »Geh mir nicht auf den Sack mit deinem Gedrängel. Du hast dein ganzes Leben noch vor dir. Ich nicht! Stell dich mal nicht so an wegen der zwei Minuten …« Könnte gut sein, oder?

Ein anderes Beispiel stammt aus der Welt der Autofahrer. Wie oft hast du einem anderen Autofahrer schon den Autofahrergruß zukommen lassen? Denn mal ehrlich, es sind doch unglaublich viele Vollpfosten auf den Straßen unterwegs, oder? Wie zum Teufel haben die überhaupt die Führerscheinprüfung bestanden? Mein Mann fragt sich das auf allen unseren gemeinsamen Autofahrten mehrmals pro Fahrt. Den Autofahrergruß verkneift er sich, aber im Kopf führt er ihn aus. Ich weiß das, denn ich sitze neben ihm und kann hören, was er sagt. Oft übrigens auch, was er denkt, denn seine Körpersprache ist auch ohne tatsächliche Ausführung der körperlichen Grußrhetorik absolut verständlich. (Schatz, wenn du das liest: »Ja, es ist schon viel besser geworden, und du bist auf einem guten Weg!«)

Für alle anderen: Früher war es noch schlimmer, das Alter wirkt halt auf jeden beruhigend. Nein, im Ernst. Einmal hatten wir eine heiße Diskussion auf der Autobahn. Mein Mann fuhr einem Kleinwagen vor uns fast an die Stoßstange, damit die Dame am Steuer endlich merkt, dass sie gefälligst auf die rechte Spur fahren sollte. Leider verstand sie diese Form der Anweisung überhaupt nicht und wurde sogar noch langsamer … Das war natürlich nicht die Reaktion, die mein

Mann sich erhofft hatte, und er fing an, sich zurückfallen zu lassen, um dann wieder so dicht wie möglich inklusive Betätigung der Lichthupe aufzufahren. Währenddessen hatte ich den Beifahrerfußraum schon fast bis zum Asphalt durchgetreten. Mein verzweifelter Versuch, so vielleicht doch etwas zu bremsen … Das funktionierte nicht. Auch meinen Mann anzumotzen blieb relativ erfolglos. Bis ich auf die Idee kam, ihm aufzuzeigen, was in der Dame vor uns vor sich gehen könnte.

»Vielleicht hat die Frau vor uns einfach Angst«, sagte ich.

»Die soll sie gefälligst auf der rechten Spur haben, die dumme Kuh. Am besten gar nicht Auto fahren …«, erwiderte mein Mann.

»Stimmt, aber wenn sie tatsächlich Angst hat, dann geht die Angst nicht weg, wenn du ihr in den Kofferraum fährst«, schlussfolgerte ich.

Es kamen noch ein paar genervte Bemerkungen, und dann ließ er sich zurückfallen, und siehe da, die Dame zog rechts rüber, und wir konnten überholen. Ich gehe zwar davon aus, dass mein Mann ihr insgeheim doch noch den Autofahrergruß zukommen ließ, aber sei's drum.

Was hat das mit Respekt zu tun? Zunächst einmal fährt jeder Mensch nach seinen Möglichkeiten so gut Auto, wie er kann. Und das gilt es zu respektieren. Wir sind halt nicht allein auf der Straße. Und jeder Mensch mit Führerschein hat grundsätzlich das Recht, ein Auto im Straßenverkehr zu führen. Dabei machen Menschen Fehler. Mein Mann übrigens auch. Wäre es nicht viel einfacher und entspannter, einfach zu respektieren, dass nicht alle den gleichen Fahrstil pflegen? Klar. Das heißt nicht, dass mir das immer leichtfällt. Im Gegenteil! Und wenn mein Mann jetzt einen

Teil zu diesem Buch beitragen dürfte, dann hätte er sicher verschiedenste Beispiele, in denen ich das Oberverkehrsarschloch war.

Aber was ist Respekt nun eigentlich? Und wie verhält man sich respektvoll? Es gibt ja diesen wunderbaren Spruch, abgeleitet von Kants kategorischem Imperativ: Behandle andere so, wie du behandelt werden möchtest. Das ist auf jeden Fall schon mal ein guter Wegweiser. Wenn wir grundsätzlich davon ausgehen, dass kein Mensch wirklich schlecht ist, dann ist das eine gute Grundlage. Selbst Donald Trump tritt in diesem Szenario an, um für die USA das Beste rauszuholen. Das ist prinzipiell auch gar nicht so unsinnig. Dass er dabei anderen auf die Füße treten muss, ist für ihn normal. Er kennt es nicht anders. Aber seine Grundintention ist eben nicht schlecht, sondern gut. Und so sehen es auch seine Anhänger. Das kann ich respektieren und dem kann ich Respekt zollen. Mögen muss ich den Mann ja nicht. Und ob ich ihm noch weitere Motive unterstelle, ist zunächst vor allem eins: eine Unterstellung. Das gilt es zu unterscheiden.

Oder nehmen wir den Rentner, der den ganzen Supermarkt aufhält, weil er zur Feierabendzeit nach Kleingeld kramt. Seine Intention ist ja nicht, den in der Schlange Wartenden mal ordentlich einen einzuschenken. Er möchte sein Kleingeld loswerden und vielleicht sogar der Kassiererin das Wechselgeld sparen. Auch das kann ich respektieren. Abgesehen davon, dass wir früher oder später alle nicht mehr die schnellsten Kleingeldkramer sein werden. Dafür sorgt schon die Zeit.

Ein weiterer Aspekt von Respekt ist, dass wir aufhören, uns für den Nabel der Welt zu halten. Das tun wir nämlich, wenn wir respektlos sind – jetzt freue ich mich wieder über das Trump-Beispiel. Der Mann funktioniert einfach in vielerlei Hinsicht. Wenn wir nämlich vergessen, dass unser Verhalten negative Auswirkungen auf andere hat, oder diese negativen Auswirkungen sogar gezielt einsetzen, dann sind wir respektlos und verdienen selbigen auch nicht. Respekt bekommt, wer Respekt gibt. So einfach ist das.

Drei Tipps für mehr Respekt

Was kannst du also tun, um nicht in die Arschlochfalle »Respektlosigkeit« zu tappen?

1. Gehe einfach immer davon aus, dass kein Mensch mit Absicht ein Vollidiot oder Vollarsch ist. Die Grundintention hinter jedem Verhalten ist in der Regel positiv. Es ist aber nicht so leicht, der Grundintention auf die Schliche zu kommen. Wir sehen ja nur das Verhalten und werten dieses. Verhalten und Intention sind aber nicht dasselbe. Und auch die Intention sollten wir wertfrei betrachten. Wer das verstanden hat, hat es nicht mehr so schwer, sich respektvoll zu verhalten.

2. Prüfe, ob du in einer Position bist, in der der Position Respekt entgegengebracht wird. Lautet die Antwort »Ja«, dann gehe grundsätzlich davon aus, dass der Respekt, den du spürst, in erster Linie nicht dir gilt. Leider glauben wir in der Regel immer, dass ein Verhalten, das uns entgegengebracht wird – Respekt gehört dazu –, direkt etwas mit uns zu tun hat. Dass dem nicht so ist,

lernt zum Beispiel jeder Polizist in der Grundausbildung. Ergo: Respekt als Person muss man sich immer verdienen.

3. Suche dir ein Vorbild, das dir immer wieder Respekt abnötigt. Das muss nicht zwingend eine einzige Person sein. Es können auch verschiedene Vorbilder für verschiedene Situationen sein. Mache dir klar, warum dir dein Vorbild Respekt abnötigt, und verhalte dich dann danach. Nachahmung ist die Urform des Lernens und liegt uns daher sehr. Achtung: Wenn es bei der Person, die dir Respekt abnötigt, nur um das Ausüben von Macht geht, dann lies bitte das Macht-Kapitel in diesem Buch sorgfältig, denn nach Macht strebt nur, wer Ohnmacht spürt. Damit fällt Donald Trump für mich als Beispiel schon mal grundsätzlich flach. Mir gefällt in diesem Zusammenhang Barack Obama. Und der Kontrast zu Trump macht das Beispiel für mich so großartig. Es gibt ein wunderbares Foto von Obama, das ihn dabei zeigt, wie er im Vorbeigehen einen Servicemitarbeiter im Weißen Haus mit der Ghettofaust begrüßt. Das ist in meinen Augen unglaublich respektvoll, denn es ist eine Begrüßung auf Augenhöhe. Aus meiner Sicht kommt hier der Spruch zum Tragen: »Mir ist egal, wie du den Chef begrüßt, mich interessiert, wie du mit der Putzfrau sprichst.« Respekt, Digga!

3 Mitgefühl
Nicht so einfach, wie man denkt

Arschlochfaktor:
Mitleid ist der Tod des Mitgefühls

Wenn es mir mal nicht so gut geht, dann schaue ich mir gern einen traurigen Film an. Eine Packung Taschentücher und ein Glas Rotwein, und die Heulorgie kann losgehen. Das funktioniert hervorragend, und danach geht es mir in der Regel besser. Meine Gefühlswelt wird dann im wahrsten Sinne des Wortes einmal richtig durchgespült. Kann ich sehr empfehlen. Dabei geht es mir nicht darum, dass ich gerade an der Welt verzweifle, weil sie von so vielen Arschlöchern bevölkert ist. Das ist eher eine Randerscheinung. Meistens bin ich aus irgendeinem Grund traurig. Und manchmal bin ich auch grundlos traurig. Vermutlich fahren meine Hormone mit mir Achterbahn. Hilft aber als Erklärung in dem Moment nicht wirklich. Mir hilft es in solchen Momenten, die Gefühle einmal durchzuwinken, und dann wird's besser. Was ich überhaupt nicht gebrauchen kann, ist Mitgefühl. Ich will einfach in Ruhe heulen und gut ist. Das gilt aber nur für diese ganz speziellen Rotwein-Taschentücher-Momente.

Es gibt genügend andere Situationen, da hätte ich durchaus gerne Mitgefühl. Nach einem Streit mit meinem Mann erwarte ich schon, dass er mich in den Arm nimmt und meine Unsicherheit verscheucht. Oder von einer Freundin, wenn im Job mal was nicht so geklappt hat. Sie muss mich dann nicht in den Arm nehmen, aber anteilnehmend zuhören und an den richtigen Stellen nicken. Auch von Kollegen – wo wir schon beim Job sind – hätte ich gern mal Mitgefühl, wenn eine Aufgabe mich in die Verzweiflung treibt. Was ich mir in solchen Situationen aber eben nicht erhoffe, ist Mitleid! Mitleid ist etwas völlig anderes und meiner Ansicht nach überhaupt nicht hilfreich, da es passiv ist. Mit einer Person zu leiden hilft niemandem. Im Gegenteil: Es leiden dann zwei Personen, und im dämlichsten Fall fühlt sich die ursprünglich betroffene Person schlechter als zuvor, und der Mitleidenden geht es auch schlecht. Zielführend ist das nicht. Verständlich, aber nicht zielführend.

Ähnlich verhält es sich meiner Ansicht nach mit dem Trösten, denn es mutiert oft zu Bagatellisierung. Der Autor und Speaker René Borbonus spricht in seinem Vortrag »Respekt« darüber. Er sagt, wir bagatellisieren Probleme mal so eben weg. Da werden Sätze gesagt wie »Andere Mütter haben auch schöne Töchter« oder »Ach, der hat dich doch gar nicht verdient«. Damit wird der Schmerz des Gegenübers kleingemacht. Ungewollt, klar, aber gut gemeint ist eben noch lange nicht gut gemacht. Mitgefühl zu zeigen wäre in dem Fall, Verständnis zu signalisieren und tatsächlich zu fragen, was die andere Person gerade braucht.

Es ist kaum zu glauben, aber auch wenn wir tatsächlich bemüht sind, kein Arschloch zu sein, tappen wir in die Arschlochfalle.

Empathie ist übrigens auch kein Mitgefühl. Sicherlich hilft sie, um mitfühlen zu können, aber sie birgt immer auch das Risiko, selbst von den Gefühlen des Leidenden übermannt zu werden. Empathie ist der erste Schritt, Mitgefühl geht einen Schritt weiter, denn damit kommen wir zum Handeln.

Beispielsweise im Job. Dort könnten wir wesentlich mehr Mitgefühl gebrauchen. Mitleid und Empathie gibt es im Überfluss, sie bringen aber nix. Meiner Ansicht nach ist das der Grund, warum viele Firmen überhaupt keine fröhlichen Orte sind. Vor lauter Mitleid und Empathie bleibt jeder irgendwie in seinem eigenen Ärger stecken und leidet auch noch an den Problemen der anderen. Ja, es werden sogar Mitleidklubs gegründet. Diese treffen sich dann täglich mehrmals in der Kaffeeküche und tauschen sich über ihr bemitleidenswertes Dasein aus. Der Erleichterungseffekt nach diesen Klubtreffen hält meist nicht lange an, denn niemandem wurde tatsächlich geholfen. Weder auf der faktischen, es wurde ja nicht nach Lösungen gesucht, noch auf der emotionalen Ebene. Man ist ja im Leiden stecken geblieben. Also muss spätestens rund um die Mittagspause das nächste Meeting einberufen werden. Immer mit dem Ziel, endlich vollkommene Erleichterung zu erhalten. Das funktioniert aber nicht, weil eben genau das fehlt, was alle zu geben meinen: Mitgefühl.

Mitgefühl ist etwas, das auf Augenhöhe stattfindet. Trösten und Mitleid tun das nicht. Mitgefühl ist, im Unterschied zur Empathie, die teilnehmende Sorge. Empathie ist, sich genauso zu fühlen. Und so wird ein Schuh draus: Wer sich genauso fühlt wie der Leidende, wird genauso leiden. Das hilft aber nicht und verhindert auch wieder das befreiende Handeln. An Sorgen und Nöten teilzunehmen, sie aber eben nicht zu fühlen, wahrt genau die Distanz, die es braucht, um ins Handeln zu kommen.

Selbst Tiere scheinen den Unterschied zwischen Mitleid

und Mitgefühl zu kennen. Der Forscher Frans de Waal erzählt von einer Szene in einem schwedischen Zoo. Ein junger Schimpanse wickelte sich beim Spielen ein Seil um den Hals. Und wie das beim Spielen manchmal so ist, kam es anders, als Junior dachte. Das Seil zog sich immer enger zu, bis das Tier fast erstickte. Der Hordenchef beobachtete das Geschehen, ging zu dem Jungtier, hob es hoch, sodass sich das Seil lockerte, und löste es dann vollständig.[4] Das war nicht nur unglaublich klug, es war mitfühlend.

Natürlich gibt es auch noch den Arschlochfaktor, der uns eigentlich als Erstes einfällt: maximale Ignoranz oder der Mangel an Mitgefühl. Der ist aber wiederum so offensichtlich, dass es im Prinzip keiner Erklärung bedarf. Aber manchmal ist auch das Offensichtliche nicht so einfach zu greifen, denn die Frage ist doch: Warum weisen manche Menschen einen so offensichtlichen Mangel an Mitgefühl auf, ohne es zu merken? Es wäre ein wenig zu einfach, jetzt von Psychopathen und antisozialen Persönlichkeiten anzufangen. Obwohl es, das gebe ich gern zu, in diesem Zusammenhang wunderbar passen würde. Vielleicht komme ich später noch einmal darauf zu sprechen.

Übrigens ist es noch keine 200 Jahre her, dass Charles Darwin seine Theorie »Survival of the fittest« über das Überleben des Stärksten oder Stärkeren veröffentlichte. Eine Theorie, die sehr schnell großes Ansehen erlangte. Passte damals, um 1860–1870, auch prima in die Zeit. Wissenschaft ist eben auch ein Kind des Zeitgeists. Man schaue sich nur einmal an, welche Forschungsprojekte heute so en vogue sind, und schon weiß man, welchem Zeitgeist wir heute frönen.

Mit »the fittest« meinte Darwin aber nicht den Stärksten,

wie es allgemein verstanden wurde und wird, sondern den am besten Angepassten. Blöd nur, dass das mit der aufkommenden Industrialisierung und dem damit erstarkenden Kapitalismus nicht so recht zusammenpasste. Wobei … doch, es passte super, wenn man es leicht anders auslegt, als es gemeint ist. Beide Gedanken, »Der Markt wird es schon richten« und »Der am besten Angepasste überlebt«, füttern sich gegenseitig. Leider ist es wie mit vielen einfachen Weisheiten: Sie funktionieren bei genauerem Hinsehen eben nicht. Und schlimmer noch, sie machen aus Menschen immer wieder sozial minderbemittelte Arschgeigen, die ihre besten Eigenschaften zugunsten einfacher Binsenweisheiten über den Haufen werfen. Und eine unserer besten Eigenschaften ist nun mal das Mitgefühl.

Trotzdem ist Mitgefühl eine zwiespältige Angelegenheit. Jeder Einzelne würde natürlich sagen, dass er oder sie Mitgefühl empfinden und geben würde, wenn ein Mensch in einer Notlage wäre. Wollen und Tun liegen aber Lichtjahre voneinander entfernt. Denn Mitgefühl hängt vor allem von unserer sozialen Gruppe ab. Außerhalb unserer sozialen Gruppe sind wir nämlich nicht mehr die mitfühlenden, sozialen Wesen, die wir gern wären.

Arschlochfallen:
Asoziales Sozialverhalten

Dass der Mensch ein soziales Wesen ist, ist hinlänglich bekannt. Wir brauchen die soziale Gruppe, um zu überleben – das ist unser Erbe aus der Zeit, in der wir noch in der Wildnis lebten. Auf sich allein gestellt, ist der Mensch in der

Wildnis zum sicheren Tod verdammt. Die Vorteile, die eine soziale Gruppe aber mit sich bringt, sind gleichzeitig auch Nachteile. Zwar ist das Wort »sozial« in unserem Sprachgebrauch hoch positiv besetzt, nur leider ist es eben nicht so. Eine soziale Gruppe ist nämlich in der Natur immer nur untereinander positiv sozial. Trifft sie auf eine andere Gruppe, ist es mit dem positiven Verhalten schnell vorbei. Wir nennen das dann asozial. In Bezug auf das Verhalten der Gruppen ist das aber der falsche Begriff, denn auch das ist soziales Verhalten. Selbst Wikipedia weiß: »Das Adjektiv sozial, vom lateinischen *socialis*, fälschlicherweise oft als Synonym zu »gesellschaftlich« verwendet und im erweiterten Sinn zu »gemeinnützig, hilfsbereit, barmherzig«. Stattdessen beschreibt der Begriff des Sozialen zunächst die Gruppe als Handlungsvoraussetzung«.

Und damit sind wir genau bei den Fallen, in die wir als vermeintlich hoch entwickelte Homo sapiens jeden Tag mit voller Wucht rennen: Wir Menschen denken, dass wir grundsätzlich hoch sozial sind, und damit müssten wir ja auch zu jeglichem Mitgefühl fähig sein. Sind wir aber nicht. Mitgefühl und soziale Verantwortung übernehmen wir von Natur aus nur für unsere soziale Gruppe.

Vor ein paar Jahren war ich mit der S-Bahn auf dem Weg nach Hause. Die Bahn war nicht besonders voll, und ich saß irgendwo in der Mitte des Waggons. Da fing am Ende des Wagens jemand an zu jammern. Es war kein richtiges Weinen oder Klagen, es war mehr ein Jaulen, wie man es eher von einem Hund hätte hören können. Es war mir aber klar, dass es von einem Menschen stammen musste. Von meinem Platz aus konnte ich eine Mutter mit ihrer jugendlichen

Tochter sehen. Komisch, denn vom Platz ihnen gegenüber, den ich nicht sehen konnte, kam das Jaulen. Da die Frau und das Mädchen nicht reagierten und mir das Ganze komisch vorkam, ging ich hin. Ich war übrigens nicht die Einzige, die das Jaulen mitbekommen hatte, aber außer mir reagierte niemand. Der Frau gegenüber saß ein etwa neunjähriger, offensichtlich geistig behinderter Junge und jammerte vor sich hin. Ich fragte die Frau und ihre Tochter, ob sie zusammengehörten, und die Reaktion der beiden hat mich etwas aus der Fassung gebracht. Es war ein peinlich berührtes Lachen, während die Zusammengehörigkeit vehement verneint wurde. Als ich mich gefasst hatte, fragte ich den Jungen, was denn los sei. Er müsse dringend auf Klo, müsse aber noch etwa 15 Minuten fahren. Seine Mama würde ihn abholen. Er war wirklich verzweifelt. Also bin ich mit ihm bei der nächsten Station ausgestiegen, habe ihn zur Toilette begleitet, und danach bin ich wieder mit ihm in die nächste Bahn gestiegen. Es stellte sich heraus, dass seine Eltern getrennt waren. Sein Vater hatte ihn in die Bahn gesetzt, und seine Mutter sollte ihn dann an ihrer Station abholen. Da er Mamas Handynummer dabeihatte, habe ich natürlich mit der Mutter telefoniert und so alles erfahren. Ich frage mich, was wohl passiert wäre, wenn ich den Jungen nicht angesprochen hätte. Die Frau und ihre Tochter hätten nicht geholfen, so viel ist schon mal klar. Wie war das noch mit dem Mitgefühl?

Natürlich war ich vollkommen entsetzt über ihr Verhalten und das der anderen Mitreisenden, keine Frage. Aber die Frage ist doch: Kann man es ihnen vorwerfen?

Wenn ich jetzt mit »Ja« antworte, dann lasse ich völlig außer Acht, dass es nicht nur einen Grund gibt, warum Menschen ihr Mitgefühl einfach abschalten oder warum es gar nicht erst anspringt. Die Zugehörigkeit zu einer anderen sozialen Gruppe ist nur ein Aspekt. Ein weiterer ist Unsicherheit – und dieser ist auf keinen Fall zu unterschätzen. Und um ganz ehrlich zu sein, ich nehme mich da nicht aus. Im Gegenteil: Immer wenn ich unsicher werde und nicht weiß, wie ich mich verhalten sollte, tue ich in der Regel nichts. Danach fühle ich mich oft schlecht oder ich verdränge die Situation erfolgreich. Ein ganz normales Verhalten, um die eigene Psychohygiene intakt zu halten. Wenn man bedenkt, dass diese Mechanismen viel älter sind als unsere moderne, komplexe Gesellschaft, ist das auch problemlos nachvollziehbar. Zielführend sind sie jedoch inzwischen in den meisten Fällen nicht mehr.

Erstaunlicherweise gelingt es uns zu bestimmten Anlässen, unser Mitgefühl auf Knopfdruck zu aktivieren, etwa an Weihnachten. Alle Charity-Organisationen wissen das ganz genau, denn in dieser Zeit sammeln sie den Löwenanteil ihrer Jahresspenden ein. Selbst die Kirche, in die heutzutage kaum jemand mehr geht, auch die haufenweise jährlich konfirmierten Jugendlichen und ihre Eltern nicht, aber zu Weihnachten wird ordentlich der Kollekte gehuldigt.

Ja, ich weiß, das sind sehr bösartige Formulierungen, und mir ist durchaus bewusst, dass sich ein paar Leser ertappt fühlen. Entspannt euch, so schlimm ist das alles nicht, denn wir sind eben nicht so geradlinig, wie wir gern wären. Und auch unsere Welt ist es eben nicht. Außerdem halte ich es für sehr sinnvoll, wenn Jugendliche im Konfirmandenunterricht einen Wertekanon kennenlernen, der im Internet und den ach so sozialen Medien immer seltener vorkommt.

Tatsächlich gibt es inzwischen verschiedene Studien, in der Hauptsache aus den USA, die besagen, dass die Digital Natives immer weniger zu Empathie und folglich auch zu Mitgefühl fähig sind.[5]

Viele dieser Studien geben dem Internet die Schuld daran. Denn das soziale Element an den sozialen Medien gibt es in Wirklichkeit nicht. Vielmehr werden wir virtuell zu Cliquen von Gleichgesinnten gelotst, die im Grunde ein ähnliches Leben führen wie wir selbst. Sozialer Austausch findet nur unter Gleichgesinnten statt. Zur Abwechslung streitet man sich wahlweise mit dem entgegengesetzten politischen Lager oder regt sich über Veganer auf, die einem das Schnitzel vermiesen wollen. Was ist aber daran sozial?

Die inzwischen verstorbene Autorin und Vortragsrednerin Vera F. Birkenbihl hat es ungefähr so beschrieben: Jeder Mensch lebt in einer Insel. Nicht »auf«, sondern »in« einer Insel. Seine Insel ist über die Jahre gewachsen und besteht aus seinen Erfahrungen, Vorlieben, Abneigungen, eben aus seiner Persönlichkeit. Wenn sich nun zwei Menschen treffen, die ähnliche Inseln haben, also feststellen, dass sie Überschneidungen ihrer Persönlichkeiten haben, dann finden sie sich in der Regel schnell sympathisch und tauschen sich über ihre Überschneidungen aus. Diese Gespräche empfinden alle Menschen als ungemein anregend und positiv. Die Krux an der Sache: Bei einem solchen Gespräch tauschen wir uns im Kern genau über das aus, was wir sowieso schon wissen und können. Mit anderen Worten: Wir bestätigen uns in solchen Gesprächen nur, wie toll wir selbst sind. Weiterentwicklung findet hier nicht statt. Echte Weiterentwicklung findet statt, wenn wir Menschen auf Inseln treffen, die mit unseren eigenen Inseln nichts zu tun haben. Denn genau dann erfahren wir etwas wirklich Neues. Das Problem ist aber, dass unser Gehirn null Interesse daran hat, denn das ist einfach viel zu anstrengend. Also weigert es sich nachzudenken, schaltet erst mal in den Abwehrmodus und versucht, die eigene Insel zu verteidigen oder wahlweise das Gegenüber auf die eigene Insel zu ziehen. Die gleiche Strategie fährt das Gehirn des Gegenübers im Normalfall aber auch. Also bleiben beide auf ihrer Insel und finden sich blöd.

Im Internet scharen sich dann ganz schnell Gleichgesinnte hinter beiden Insulanern, und der virtuelle Krieg ist eröffnet. Denn anstatt zu schauen, was man vielleicht aus der Situation lernen könnte, versichern sich jetzt die jeweiligen Lageraktivisten, dass sie im Recht sind und die anderen eben nicht. Dazu kommt noch, dass wir uns im virtuellen Raum nicht sehen können, unser natürliches Kommunikationssystem im Grunde aber genau darauf ausgerichtet ist, den anderen zu sehen.

Vor ein paar Monaten wurde Dunja Hayali von dem Fortbildungsunternehmen »Gedanken tanken« für ihr Engagement im Internet ausgezeichnet. Hayali lässt nämlich Hasskommentare nicht einfach so gelten, sie sucht das Gespräch mit den Hatern. Sie diskutiert live und virtuell mit Menschen, die alles andere als nett zur ihr sind. Eine Kostprobe dessen, was sie sich alles anhören muss, gibt sie gemeinsam mit Comedian Carolin Kebekus bei der Preisverleihung. Die Kommentare, die Kebekus bekommt, sind übrigens auch nicht viel charmanter. Die beiden Frauen lesen sich gegenseitig die Kommentare vor, die unter ihre Interneteinträge gepostet werden. Hayali hält dann noch ein flammendes Plädoyer, warum wir uns auseinandersetzen sollten. Das Ganze ist im Internet anzuschauen, und mir hat es wahnsinnig gut gefallen. Und dann habe ich die Kommentare unter dem Video gelesen und gedacht: »Alter Falter, was ist denn hier los?« Kritik und Hasskommentare ohne Ende …

Was das mit Mitgefühl zu tun hat? Wer nicht in der Lage ist, seine Meinung in einer zivilen Art und Weise kundzutun, und hasserfüllte Kommentare schreibt, der ist von Mitgefühl weiter entfernt als die Erde vom Mond. Der ist in seiner Wut oder seiner Angst oder irgendeinem anderen negativen Gefühl gefangen – und Mitgefühl braucht Angst- sowie Wutfreiheit. Ich will gar nicht sagen, Mitgefühl braucht Liebe. So weit will ich gar nicht gehen. Ich habe schon Mitgefühl für Menschen aufbringen können, die ich nicht sonderlich sympathisch fand. Wenn ich wütend bin und mich in Rage rede, dann schaffe ich das nicht. Dann ist mein System derart mit Aggressionshormonen vollgepumpt, dass ich auf Angriff gepolt bin. Die eigene Meinung oder die eigenen Bedürfnisse mal kurz hintanzustellen ist dann nicht mehr möglich. Und eines kommt noch erschwerend hinzu: Mitgefühl ist zwar angeboren, muss aber gelernt werden.[6]

Wir sind als Menschen grundsätzlich zu Mitgefühl und Empathie fähig, weil wir die entsprechende genetische Ausstattung mitbekommen haben. Allerdings muss diese genetische Ausstattung auch entfaltet und entwickelt werden. Wie bei unserer sprachlichen Kommunikation. Wer nicht zwischen sprechenden Menschen aufwächst, lernt auch nicht sprechen. Genauso verhält es sich mit unserem Mitgefühl. Wir sind genetisch mit der Fähigkeit ausgestattet, wird sie jedoch nicht trainiert, dann ist sie auch nicht da. Vielleicht schneiden Frauen deshalb bei entsprechenden Studien besser ab als Männer, weil sie eher dazu erzogen werden, mitfühlend zu sein. Darüber hinaus fanden Forscher im Jahr 2017 heraus, dass Mitgefühl auch mit dem Bildungsstand korreliert.[7]

Arschlochbremsen:
Vom Wissen zum Fühlen

Damit ist es ja im Prinzip ganz einfach, wie wir das mit dem Mitgefühl in Zukunft halten: Wir leben es einfach vor und halten unsere Kinder an, mitfühlend zu sein. In der eigenen Familie ist das noch verhältnismäßig einfach. Selbst Mäuse haben keine Probleme, sich innerhalb der eigenen Familie mitfühlend zu verhalten. Aber in Gegenwart fremder Mäuse, die nicht zum Familienclan gehören, hört der Spaß auf. Bei Menschen verhält es sich ähnlich. Inzwischen haben Wissenschaftler den Zusammenhang herausgefunden: Fremde Mäuse und auch fremde Menschen lösen zunächst einmal Stress aus.[8] Ein unbewusster Vorgang, der zu Zeiten der Feuersteins und Geröllheimers auch noch Sinn machte. Schließlich war nicht klar, ob die Fremden, die da um die Ecke bogen, coole Typen waren oder ob Mord und Totschlag angesagt waren. Verantwortlich für die überlebenswichtige Fremdenfeindlichkeit ist das Hormon Cortisol. Es löst genau die Art von Stress aus, die Mäuse und Menschen brauchen, um in Habachtstellung zu gehen. Es unterdrückt gleichzeitig das Entstehen von Mitgefühl und Empathie. Logisch, denn in so einer Situation sind solche Gefühle eher hinderlich, wenn es möglicherweise um das eigene Überleben geht. Wer angegriffen wird und den Schmerz des Angreifers mitfühlen kann, ist vermutlich nicht so gut in der Lage, sich zu verteidigen. Die Wissenschaftler schalteten bei ihren Versuchen das Cortisol mehr oder weniger aus, sodass zunächst die Mäuse, später aber auch Menschen keinen sozialen Stress hatten, und siehe da: Sie waren zu mehr Mitgefühl in der Lage.

Das bedeutet weder, dass jetzt alle Sorten von Arschlöchern (uns selbst in unseren dunklen Zeiten eingeschlossen) fein raus sind noch dass wir sie kollektiv unter Drogen setzen. Es bedeutet nur, dass das Verhalten zunächst einmal erklärbar ist. Nicht mehr und nicht weniger. Und was der denkende Mensch den Mäusen und auch den Feuersteins voraus hat, ist, aus seinem Verhalten zu lernen.

Die Frage ist, was lernen wir aus Situationen, in denen wir es an Mitgefühl haben mangeln lassen? Wenn wir einmal analytisch vorgehen, könnten wir uns beispielsweise fragen: Ging es uns danach besser oder schlechter? Aus eigenen Arschlocherfahrungen kann ich berichten, dass im ersten Moment, wenn man denn wie auch immer gewonnen hat, eine gewisse Befriedigung einsetzt. Keine Frage, es ist ein gutes Gefühl, überlegen zu sein. Leider ist dies oft nur von kurzer Dauer. Irgendwann setzt der schale Nachgeschmack ein. Genau in diesem Moment haben wir die Wahl: Ignorieren und verdrängen, um dann nach dem nächsten Befriedigungskick Ausschau zu halten? Zugegeben, das ist die bequemere Lösung. Oder einmal in sich gehen und sich fragen: Hat mir das wirklich etwas gebracht? Bin ich dadurch ein besserer Mensch geworden? Letztere ist übrigens eine Frage, die in jeder Arschlochsituation hilft: im Straßenverkehr genauso wie bei Fragen des sozialen Umgangs miteinander. Eines ist doch gewiss: In einer Welt ohne Mitgefühl möchte wohl niemand leben.

Natürlich hält sich jeder Mensch, wenn man ihn fragt, für ein mitfühlendes Wesen. Ich kann mir nicht vorstellen, dass irgendjemand auf die Frage »Sind Sie ein mitfühlender Mensch?« mit »Nein, das ist mir zu doof« antworten würde. Im Grunde wollen wir gut sein. Es ist nur so schwierig, es in die Tat umzusetzen. Erich Kästner hat es wie kein anderer auf den Punkt gebracht: »Es gibt nichts Gutes, außer man tut es.« Recht hat er.

Als mein Sohn noch im Kindergarten war, hatte er eine Freundin im Dorf, mit der er öfter spielte. Eines Tages spielten sie bei uns im Garten, sie waren vier oder fünf Jahre alt, aber das Mädchen hatte keine große Lust. Irgendwann saßen sie auf unserem Trampolin einfach nur nebeneinander und schauten auf ihre Hände. Ich ging hin und fragte, was los sei, und mein Sohn sagte nur: »Wir sind traurig.« Natürlich hab ich sofort gefragt, warum, worauf mein Sohn antwortete: »Lena ist traurig. Jetzt bin ich so lange mit ihr traurig, bis sie nicht mehr traurig ist.« Klar hat mich das Ganze sehr berührt, aber ich habe die beiden mit einem kurzen »Okay« sich selbst überlassen und sie aus sicherer Entfernung beobachtet. Sie saßen einfach nur da. Mein Sohn saß einfach nur neben dem Mädchen und wartete ab. Irgendwann war wieder alles gut, und sie kamen angelaufen und wollten Kekse.

Mitgefühl ist etwas sehr Unaufgeregtes, Unangestrengtes. Mitgefühl ist zunächst einmal die Abwesenheit von Vorurteilen und vom Verurteilen und Urteilen überhaupt. Mein Sohn hat sich nicht dafür interessiert, warum Lena traurig war und ob ihre Traurigkeit gerechtfertigt war. Er hat auch nicht versucht, ihr die Traurigkeit auszureden, damit sie weiterspielen könnten. Er war einfach nur da. Eine Handlungsoption, die uns Erwachsenen leider allzu oft abhandengekommen ist, weil wir immer gleich eine Meinung und ein Urteil zu der entsprechenden Situation haben.

Vorurteile und vorgefasste Meinungen sind eher an der Tagesordnung als Mitgefühl. Oder Situationen, in denen es nur ums Rechthaben und/oder Gewinnen geht und nicht darum, den anderen zu verstehen oder mitfühlend zu sein.

Drei Tipps, um kein gefühlloser Vollpfosten zu sein

1. Jemandem zu sagen, er sollte bitte mitfühlender sein, bringt in der Regel nichts. Entweder kommt er selbst drauf oder, was auch häufig vorkommt, das Arschloch ist der, der das Mitgefühl einfordert. Wenn du also beim nächsten Mal das Gefühl hast, Mitgefühl einfordern zu wollen, prüfe, wer hier das Arschloch ist. Wenn du ganz sicher bist, dass du es nicht bist, wirst du auch schnell feststellen, dass Mitgefühl nicht eingefordert werden kann. Entweder besorgst du dem gefühllosen Arschloch die Drogen, von denen zuvor die Rede war. Oder, und das ist die mitfühlende Variante, du hilfst ihm aus der eigenen Situation heraus. Denn Mitgefühl kann nur geben, wer selbst Mitgefühl erlebt.

2. Mitfühlen heißt nicht, mitzuleiden und auch nicht, mit eigenen Geschichten à la »Das kenn ich …« aufzuwarten. Du kennst es nämlich nicht! Es ist nicht dein Gefühlsleben und auch nicht deine Geschichte! Da wir viele Dinge schlecht aushalten können, kramen wir in unserer Erinnerungsdatenbank und erschlagen die aktuelle Situation mit der Damals-Klatsche. Das ist aber nur selten

zielführend. Zielführend ist, sich so zu verhalten, wie Kleinkinder es tun. Einfach nur da zu sein, zuzuhören und dabei den eigenen Senf schön dabehalten, wo er hingehört: bei sich.

3. Suche dir ein Vorbild. Mein Vorbild ist immer wieder genau diese Situation, wie mein Sohn einfach nur neben diesem kleinen Mädchen sitzt und wartet. In meiner rosa gefärbten Zuckerwatteerinnerung hat er sie auch gefragt, was sie jetzt braucht. Und sie hat nur mit dem Kopf geschüttelt. Mir ist natürlich klar, dass es nicht so war. Na und? Aber genauso möchte ich mich in solchen Situationen verhalten, wenn Mitgefühl angesagt ist. Und dafür ist meine rosa Zuckerwatte genau richtig.

4 Fairplay
Kein Spiel ohne Regeln

Arschlochfaktor:
Wenn Regeln nur für andere gelten

Jedem Kind wird schon im Kleinkindalter beigebracht: Halte dich an die Spielregeln. Und kleine Kinder machen das auch eine Weile ganz gut, weil sie recht schnell begreifen, dass sie, wenn sie nicht fair spielen, nicht mehr mitspielen dürfen. Dafür sorgen dann schon die anderen. Aber es ist noch mehr, denn wie fair wir im Laufe unserer Entwicklung werden und/oder bleiben, hat sehr viel mit unserem Selbstbild zu tun. Die Frage ist nur, wie weit stimmt unser Selbstbild mit der Realität überein? Viele Menschen, die von außen betrachtet unglaublich unfair handeln, halten sich selbst für wahnsinnig faire Zeitgenossen. Da stimmt doch was nicht …

Eine Geschichte aus der Öffentlichkeit, die mich immer noch fasziniert, ist die Geschichte des Radrennfahrers Lance Armstrong. Ich habe mir sämtliche Filme, Dokumentationen und Interviews rund um seine Geschichte angesehen. Wahnsinnig sympathisch kommt er dabei nicht rüber, so viel ist schon mal klar. Aber warum ist das so? Im Vergleich zu Jan Ullrich ist Armstrong der klare Arschlochkandidat Nummer eins. Komisch, oder? Ullrich hat sich genauso wenig an die Regeln gehalten wie Armstrong, aber er kommt in der Arschlochplatzierung viel besser weg. Meiner Ansicht nach, weil Ullrich den Arschlochfaktor nicht in der gleichen Form hat. Er hat nie jemanden verbal runtergeputzt und er hat auch niemandem gedroht, der ihn des Dopings bezichtigt hat. Armstrong ist immer zum Gegenangriff übergegangen und hat jeden, der ihn im Hinblick auf Doping auch nur schief angeguckt hat, frontal an die Wand gefahren. Frei nach dem Motto: Angriff ist die beste Verteidigung. Das mag in einigen Situationen stimmen, wahnsinnig sympathisch macht einen das nicht. Wenn dann im Nachhinein noch rauskommt, dass alle anderen recht hatten, dann Gute Nacht, Marie …

Auf einer ganz anderen Ebene ging es in der Finanz- und Wirtschaftskrise zur Sache. Die Pleite von Lehmann Brothers setzte einen Dominoeffekt in Gang, den sich niemand in dieser Branche auch nur ansatzweise hätte vorstellen können. Ich weiß, wovon ich spreche. Ich habe in dieser Zeit in der HSH Nordbank gearbeitet, die sich damals auf ihren Börsengang vorbereitet hat. Als der weltweit größte Schiffsfinanzierer waren die Chancen hervorragend; dass die Bank auch nur ein Dominosteinchen war, konnten wir uns damals nicht vorstellen. Es lief ja auch wie geschnitten Brot zu dieser Zeit. Spekulationen und hochrentable Finanzprodukte, die kaum jemand verstand – übrigens auch viele Bankangestellte nicht –, ließen die Kassen klingeln. Und mit einem Schlag fiel alles um. Anfangs dachten viele noch, nach ein paar Monaten wäre der Spuk vorbei, aber es kam anders. Alle wackeligen Finanzkonstruktionen stürzten in sich zusammen und den Bankern auf die Füße. Da kam ans Licht, dass Rentner aus sicheren Bundesschatzbriefen geschwatzt und in risikoreiche geschlossene Fonds umgeschichtet wurden. Die Verkäufer in den Filialen hatten klare Vorgaben zu

erfüllen, wie vielen Kunden sie welche Dinge verkaufen sollten. Immer mit schönen Margen für die Bank. Die meisten
dieser Produkte waren Dominosteinchen in besagter Kette.
Nicht weiter verwunderlich, dass die Kunden das nicht so
super fanden, denn ihr Geld war weg. Viele der älteren Kunden waren geschockt, hatten sie doch noch das Bild vom
ehrlichen, fairen Bankbeamten im Kopf. Dass hinter dem
Schalter aber andere Sitten herrschten, das war ihnen neu.

Während diese komplizierten Finanzvehikel einbrachen,
landete ich im Krisenmanagement, da ich zu den Menschen
in der Bank gehörte, die die Produkte einigermaßen verstanden. Ich hatte zu Anfang nämlich die Risikohinweise,
Kalkulationen und Marketingbeschreibungen gemeinsam
mit den Fachkollegen erstellt. Ich wusste, warum das Geld
der Menschen weg war, und konnte das auch erklären. Was
ich nicht erklären konnte, aber durchaus oft gefragt wurde,
war, wie es überhaupt dazu kommen konnte. Damit war
nicht gemeint, warum der Risikofall eintrat, sondern warum
ihnen dieses Produkt überhaupt verkauft wurde. Grundsätzlich hatten sich ja eigentlich alle an die Regeln gehalten. Die
Produktentwickler hatten innerhalb der Vorschriften der
Bundesaufsicht für Finanzdienstleistungen (BaFin) ein An-
lageprodukt entwickelt. Der Vertrieb hatte nach allen für
Banken geltenden Regeln verkauft, und die Kunden hatten
sich, so gut sie konnten, informiert oder informieren lassen.
Alle haben sich doch an die Regeln gehalten, und trotzdem
können wir uns des Gefühls nicht erwehren, dass hier irgendjemand nicht fair gespielt hat.

Eine einfache Erklärung gibt es meiner Ansicht nach
nicht. Schade, denn ich hätte gern auf jemanden gezeigt
und ihn als Arschloch des Jahres ausgewiesen. Ich könnte

auf »die Banken« zeigen. Aber wer sind denn »die Banken«? Die Bank an sich ist ja keine Person. Sie besteht aus vielen Personen, von denen einige, wissentlich oder unwissentlich, Mist gebaut haben. Einige aus Habgier, andere aus Angst, und wieder andere haben sich vielleicht gar keine Gedanken gemacht. Was allerdings irgendwann mal im Laufe der Zeit abhandengekommen sein muss, ist das »Warum«. Also der Grund, warum eine Bank, und damit die Menschen in ihr, etwas tut. Im besten Fall sollte eine Bank anderen Menschen und Unternehmen dabei helfen, ihre Finanzen optimal zu gestalten. Im Laufe der Zeit hat sich dieses Ziel jedoch in das genaue Gegenteil gedreht. Menschen und Unternehmen sind nur noch dazu da, den Banken zu helfen, Gewinne zu maximieren. Und damit ist auch irgendwann der Fairplay-Gedanke in den Banken erloschen. Wer sein »Warum« vergisst, oder wenn das »Warum« zu etwas mutiert, das sich gegen das soziale Miteinander richtet, der wird ein Arschloch. Das gilt für Unternehmen genauso wie für Personen.

Hier schließt sich der Kreis, und wir sind wieder bei Lance Armstrong und Jan Ullrich. Hatten in dem Fall nicht auch beide ihr »Warum« vergessen? Warum sind die beiden ursprünglich einmal aufs Rad gestiegen? Sicher nicht, um sich bis zum Anschlag mit unerlaubten Substanzen vollzupumpen. Jan Ullrich schien nie ganz vergessen zu haben, warum er Radrennen fährt. Als er und Armstrong 2003 um den Sieg der Tour de France konkurrierten, stürzte Lance Armstrong, weil er an einem Fan hängen blieb. Ullrich zog zwar an Lance vorbei, wartete dann aber auf ihn. Eine Geste, für die er später ausgezeichnet wurde. Wenn gewinnen, dann eben nicht, weil ein anderer Pech hat. Das ist auf jeden Fall Fairplay. Armstrong würdigte Ullrichs Verhalten nach dem Rennen. Als er später sein Buch »Jede Sekunde zählt« schrieb, stellte er das Verhalten des Deutschen aber so dar, als hätte Ullrich nicht gewartet. Dabei gibt es zahlreiche Filmaufnahmen, die die genaue Situation zeigen! Es ist eben nicht so leicht, immer der Sieger zu sein, und doch lieben die Fans am Ende einen ewigen Zweiten.

Natürlich könnte man anführen, dass Armstrong in Amerika immer stärker verehrt wurde als Ullrich – und das stimmt. Allerdings erledigte sich das schnell, als klar wurde, dass er nicht nur nicht fair gespielt, sondern auch seine geballte Macht ausgespielt hat, um seine Machenschaften zu vertuschen. Ein wahrer Schuft, der so agiert.

Im Prinzip greifen solche Mechanismen immer dann, wenn die Protagonisten Wasser predigen und selbst Wein trinken. Dabei geht es nicht nur um den Betrüger, sondern auch um den oder die Betrogenen. Sie stehen als Idioten da. Und wer steht schon gern als Idiot da? Wer sich selbst einen Vorteil verschafft auf Kosten anderer, ist also ein doppeltes Arschloch. Er lässt nicht nur die anderen die Zeche zahlen, er führt sie auch noch emotional vor. Da ist es nicht weiter erstaunlich, dass wir solche Zeitgenossen maximal unsympathisch finden. Das hindert uns jedoch nicht daran, selbst immer mal wieder genau in diese Fallen zu tappen.

Arschlochfallen:
Soziales Schach mit ungeschriebenen Regeln

Von außen betrachtet ist es immer einfach, ein Arschloch zu identifizieren. Gerade, wenn es um Fairplay geht. Wenn wir aber selbst das Arschloch sind, dann fällt es uns nicht auf, und wir halten alle anderen für Vollidioten. Kann ja nicht so schwer sein, sich an Regeln zu halten, oder?

Ein Blick auf die menschliche Verwandtschaft, in diesem Fall Kapuzineraffen, bringt vielleicht etwas Licht in die Sache, warum wir so viel Wert auf Fairplay legen: Es scheint in unserer Natur zu liegen. Der Niederländer Frans de Waal und sein Team schauten sich 2003[9] an, wie besagte Kapuzineraffen auf Ungerechtigkeiten reagierten. Sie ließen ihre haarigen Probanden Spielchips aus dem Käfig räumen. Also warfen sie immer mal wieder einen Chip in den Käfig, und wenn das jeweilige Äffchen den Chip zurückbrachte, gab es ein Stück Gurke. Als alle Affen begriffen hatten, worum es ging, teilten die Forscher die Tiere in zwei Gruppen ein. Die erste Gruppe bekam für ihre Anstrengungen weiterhin Gurken, die zweite bekam Weintrauben. Eine Leckerei, die alle Äffchen bevorzugten. Es dauerte nicht lange, und die Gurkentruppe (man verzeihe mir das Wortspiel) stellte die Arbeit vollständig ein. Nicht ohne vorher ihren Unmut durch lautes Geschrei bei der Belohnung der anderen kundgetan zu haben.

Die Forscher setzten sogar noch einen drauf: Sie gaben den Affen aus der Weintraubengruppe jetzt auch noch grundlos Weintrauben. Da war es bei der Gurkentruppe dann vollkommen vorbei. Sie warfen, was sie in die Hände bekommen konnten, nach den Forschern und schrien wie wild. Das war nun wirklich zu viel des Guten für die anderen.

Es scheint also, dass schon Affen ein gewisses Verständnis für Fairness haben. Die zuvor noch begeistert angenommenen Gurken werden verschmäht, wenn klar ist, dass man billig abgespeist wird. Immerhin wurden die Affen noch abgespeist. Man stelle sich vor, was losgewesen wäre, wenn die Weintraubengang noch die Belohnung der Gurkentruppe kassiert hätte. Vermutlich wären Exkremente geflogen – eine Verhaltensweise, die wir Menschen uns weitestgehend abgewöhnt haben. Zum Glück für die Schmiergeldzahler und -annehmer, Steuerlückenausnutzer, Opportunisten und auch für die kleinen privaten Arschlöcher unserer Zeit.

Affen haben ein Gefühl für Fairness – und zwar aus gutem Grund: Sie spielen »soziales Schach«. So nennt es Richard David Precht in seinem Buch »Die Kunst, kein Egoist zu sein«. Damit ist gemeint, dass das Sozialleben der Affen, und das unsrige erst recht, viel komplizierter angelegt ist als das simple »Wie du mir, so ich dir«. Denn schon bei Affen können wir gute Taten ohne Gegenleistungen beobachten. Zum Beispiel beim gegenseitigen Lausen. Zwar gehört es auch in Affenhorden zum guten Ton, sich gegenseitig zu lausen, es kommt aber eben auch sehr oft vor, dass ein Affe dem anderen das Fell ohne Gegenleistung krault und auch nicht ungehalten ist, wenn die Gegenleistung ausbleibt. Und genau da beginnt soziales Schach. Es wird etwas getan, damit sich ein Gruppenmitglied gut fühlt, was sich auf die Gruppe positiv auswirkt und irgendwann über Bande zurückkommt.

Die meisten Männer wissen zumindest in der Beziehung, wie es geht. Nicht umsonst gibt es im angelsächsischen Raum den Spruch »Happy wife. Happy life!«. Wer seiner Holden zwischendurch mal Blumen mitbringt, der kann sicher sein, dass sie insgesamt happyer ist und damit auch der noble Blumenspender. Auch im deutschen Raum kennen wir ähnliche Sprüche wie »Kleine Geschenke erhalten die Freundschaft«. Und dabei muss es nicht zwingend um den Austausch monetär erworbener Präsente gehen. Unter Freunden hilft man sich gegenseitig, und selbst Kindern bringen wir schon bei: Wenn dich der Paul zum Geburtstag einlädt, dann musst du ihn auch einladen.

Ich erinnere mich noch gut daran, wie doof ich das als Kind manchmal fand, denn zu manchen Geburtstagen wollte ich gar nicht. Und manchmal wollte ich hin, wollte das andere Kind dann aber nicht zu mir einladen, weil wir uns zwischenzeitlich wieder doof fanden. Meine Mutter ließ das damals nicht gelten. Sie wusste nämlich schon besser als ich, welche Regeln auf lange Sicht bei sozialem Schach gelten.

Die Grundregeln scheinen uns schon früh klar zu sein. Aber die Feinheiten und die unbewusst vorausschauenden Regeln in Kombination mit den dem Zeitgeist unterworfenen sozialen Regeln, die lernen wir erst mit der Zeit. Und so muss Paul dann zum Geburtstag eingeladen werden. Ob wir wollen oder nicht. Das Spiel setzt sich im Erwachsenenalter durchaus fort.

Gefährlich wird es beim sozialen Schach immer dann, wenn wir andere bei Regelverstößen erwischen und anfangen, uns darüber aufzuregen, obwohl wir uns vielleicht doch lieber an die eigene Nase fassen sollten. Am Beispiel des Präsidenten des FC Bayern München, Uli Hoeneß, ist das wunderbar nachzuvollziehen. Jahrelang wetterte er in der Öffentlichkeit gegen Ungerechtigkeiten und verachtete öffentlich Steuerhinterzieher. Bis er dann selbst in der Öffentlichkeit stand, eben genau mit diesem Delikt und einer Summe, die sich der Otto Normalverbraucher nicht ansatzweise vorstellen kann. Die Regeln des sozialen Schachs hatte Hoeneß definitiv verletzt. Aber im Gegensatz zu allen, die nach einer

Regelverletzung von der öffentlichen Bühne abtreten mussten, hat er sich öffentlich zu seinem Fehler bekannt und die
Konsequenzen getragen, ohne sich rauszureden. Nach
abgesessener Haftstrafe war er von 2016 bis 2019 wieder Präsident des FC Bayern München. Eine Entwicklung, die fast
unmöglich schien.

Arschlochbremsen:
Denkfehler erkennen

Offensichtlich scheint in den Regeln unseres sozialen
Schachs irgendwo zu stehen, dass Fehler oder Regelübertrit-
te genau dann toleriert werden, wenn man sie eingesteht
und die Konsequenzen, ohne zu quengeln, auf sich nimmt.

Viel geschickter ist es natürlich, von Anfang an alle Arschlochfallen einfach zu umgehen, indem man fair spielt. Das
ist aber nicht immer so einfach, da das Fairnessempfinden
bei Menschen etwas sehr Subjektives ist.

Mein Mann und ich geraten seit über 20 Jahren immer
mal wieder aneinander, weil einer von uns meint, bei der
Hausarbeit mehr zu machen als der andere. Und das ist eben
nicht fair. Ich neige dann auch jedes Mal dazu, ein riesiges
Fass aufzumachen. Frei nach dem Motto, was nicht alles auf
meinen Schultern lasten würde und überhaupt sei ich als
Frau doch in der ungünstigeren Position. Von Frauen würde
es schließlich erwartet, und Männer hätten nicht mal ein
schlechtes Gewissen …

Da ist was Wahres dran, aber nicht immer, und das wissen
wir beide. Schließlich üben wir seit über 20 Jahren den idea-
len Umgang miteinander. In manchen Situationen haben

wir ihn bereits gefunden, in vielen Situationen suchen wir noch sehr fleißig. Beim Putzen sind wir halt noch auf der Suche. Denn zu meinem Unmut muss ich gestehen: Manchmal hat er auch recht. Dann mache ich mein riesiges Fass auf, und er fängt einen Satz an mit: »Anja, denk mal kurz nach …« Da weiß ich im Grunde genommen schon: Das war's, ich hab verloren. Manchmal zappel ich argumentativ noch ein bisschen rum, mache dann aber den Uli Hoeneß und gebe zu, dass ich unrecht hatte. Das fällt mir nicht immer leicht, schließlich will ich doch das arme Opfer sein und nichts ändern, er soll der Böse sein und etwas ändern. So läuft das aber nicht beim sozialen Schach. Die Gruppe, auch wenn sie wie in diesem Fall nur aus zwei Personen besteht, weiß sehr gut, wer wann Mist baut. Selbst wenn der Mistbauer sich durchsetzt, dann merkt sich die Gruppe das in der Regel für später. Sie klebt Rabattmarken. Dabei steht eine Rabattmarke für einen fiese Aktion, die es sich zu merken gilt. Diese wandert dann in das Regelverstoßrabattmarkenheftchen. Wenn es dann zum nächsten Verstoß kommt, wird das Heftchen hervorgekramt, und alle Verstöße werden aufgelistet.

Dass wir grundsätzlich fair sein wollen, ist ja schon mal eine gute Nachricht. Die Preisfrage dürfte lauten: Warum gelingt uns das so selten? Wenn wir uns in unserer Gesellschaft umschauen oder sogar weltweit, dann kann von Fairness kaum die Rede sein. Die reichen Nationen werden auf dem Rücken der Armen immer reicher, und innerhalb der reichen Nationen setzt sich dieses Muster fort. Gern würde ich eine einfache Lösung für ein im Prinzip gar nicht so kompliziertes Problem liefern, aber es ist eben doch etwas komplizierter. Denn grundsätzlich hält sich jeder Mensch erst einmal für gut und fair. Lance Armstrong hielt sich garantiert nicht für ein Arschloch. Er hatte für sich gute Gründe, zu handeln, wie er gehandelt hat. Ebenso wie Uli Hoeneß. Armstrong hat am Schluss ja auch noch die Kurve gekriegt, im ersten Schritt in einem Interview mit Oprah Winfrey, als er vor aller Welt zugab, ein Arschloch gewesen zu sein.

Donald Trump hält sich mit ziemlicher Wahrscheinlichkeit nicht für ein Arschloch. Eher für ein Schlitzohr oder für einen echt harten Hund, dem man so leicht kein X für ein U vormacht. Er reagiert auf äußere Umstände so, wie er es für richtig und gut hält. In seiner Welt ist es auch ganz normal, ein paar Regeln außer Kraft zu setzen, was dann gut ist, wenn man sein Ziel erreicht. Opfer oder Kollateralschäden werden ausgeblendet. Wer jetzt argumentiert, dass solche Menschen doch sehen müssten, was sie anrichten, denen sei gesagt: Sie sehen es nicht oder sie blenden es aktiv aus. Und im aktiven Ausblenden sind alle Menschen super.

Verschiedene psychologische Phänomene führen zu diesem in der Regel unbewussten Verhalten des Ausblendens. Nehmen wir als Beispiel den Urteilsfehler der hypothesengeleiteten Wahrnehmung[10] (zu weiteren Phänomen komme ich im Laufe des Buchs. Grundsätzlich können fast alle Phänomene bei allen Arschlochfallen eine Rolle spielen). Unter Urteilsfehlern – wie bei den Herren Armstrong, Hoeneß, Trump, aber auch bei meiner Annahme, zu viel putzen zu müssen – verstehen Psychologen die verzerrte Wahrnehmung der Realität.[11] Da geht es schon los. Wir sind gar nicht in der Lage, die Situation so wahrzunehmen, wie sie tatsächlich ist. Wir nehmen sie bereits vor dem Hintergrund unserer Erfahrungen und Interpretationen wahr und interpretieren sie in dieser Gemengelage neu. Das tun wir nicht absichtlich. Vielmehr ist diese fehlerhafte Informationsverarbeitung eine lästige Begleiterscheinung der menschlichen Informationsverarbeitung und sozialer Einflussprozesse. Das ist, wie es ist. Wirklich blöd, dass wir das nicht schon in der Schule lernen. Und weil wir das eben nicht lernen, denken wir, das, was wir wahrnehmen, sei die absolute Realität. So ist es aber eben nicht.

Bei der hypothesengeleiteten Wahrnehmung, unter der ich beim Putzen immer mal wieder leide, nehme ich unser Haus und den Ordnungszustand selektiv zu Kenntnis. Nämlich nicht zu dem Zeitpunkt, zu dem mein Mann die Hütte blitzeblank gewienert hat, sondern immer dann, wenn dem nicht so ist. In diesem Moment ist der Zeitpunkt unbewusst so gewählt, dass meine Hypothese »Ich muss viel zu viel putzen« stimmt. Denn genau in dem Moment müsste ich es ja tun. Oder ich schaue genau in die Ecken, die mein Mann noch nicht gemacht hat. Und wieder bestätige ich mir meine Meinung selbst. Damit wird die Realität zugunsten meiner Meinung verzerrt. Dummerweise ist das die Basis, auf der ich urteile. Zack: Urteilsfehler. Wenn mir dieser Fehler auf Dauer nicht bewusst wird, dann verfestigt er sich immer mehr, und ein Teufelskreis beginnt. Wie zum Beispiel bei Lance Armstrong. Natürlich wusste er tief in seinem Innern, dass es nicht okay ist, was er da macht. Aber es machten ja alle in der Spitze, und er kam damit durch. Je öfter wir mit etwas durchkommen, umso okayer wird es für uns. Wenn jetzt noch Erfolg hinzukommt, werden wir für unsere Wahrnehmungsverschiebung auch noch belohnt. Da finden wir von selbst ganz schwer wieder raus. Selbst Jan Ullrich hat sein Doping ja damit gerechtfertigt, dass es alle machen.

Und was alle machen, kann so schlimm ja nicht sein … Das erklärt ganz gut, warum Regelbrecher glauben, sich doch an die Regeln zu halten.

Die Preisfrage ist jetzt: Wie kommen wir aus der Nummer wieder raus? Im Prinzip ganz einfach: Halte dich an die offiziellen Spielregeln. Beim Putzen mag das im ersten Moment nicht so leicht erscheinen, da es keine Spielregeln gibt. Dann muss man eben welche machen. Der klassische Putzplan aus WG-Zeiten ist da ein ziemlich gutes Hilfsmittel: Putzspielregeln. Wer das jetzt albern findet, der lese sich das Kapitel bitte noch einmal durch, denn Erwachsene machen Urteilsfehler. Und wer sich selbst auf die Schliche kommen will, der muss sich selbst kontrollieren können. Es ist okay, da keinen Bock drauf zu haben, dann darf man aber auch nicht motzen, wenn sich die anderen nicht an ungeschriebene Regeln halten. Im Prinzip ist es einfach, geht uns aber gehörig gegen den Strich. Mir übrigens auch. Aber ich habe inzwischen gelernt: Wenn ich etwas ändern will, dann bringt das im ersten Moment unbequeme Maßnahmen mit sich.

Beim Autofahren tappen wir übrigens andauernd in diese Falle. Wir halten uns nicht an die Geschwindigkeitsbegrenzung. Und wenn uns dann die Polizei anhält, versuchen wir, uns rauszureden. Wir glauben nämlich, ich leider auch, dass wir schon ganz gut selbst einschätzen könnten, wie schnell wir in der jeweiligen Situation fahren können. Wenn sich dann wirklich mal jemand an die Geschwindigkeitsbegrenzung hält und innerhalb einer geschlossenen Ortschaft auf gerader Strecke 50 Kilometer pro Stunde fährt, dann regen wir – ich und mein Mann zumindest – uns wahnsinnig auf. Was für ein Honk. Den würden wir auf jeden Fall anhalten, wenn wir die Polizei wären. Der hat doch Drogen genommen. Oder wir vermuten einen Tattergreis oder eine ängstliche Hausfrau hinterm Steuer. Auf jeden Fall gefährden die durch ihre Fahrweise den Verkehr. Die einzig akzeptable Entschuldigung hat die Fahrschule. Die kann ja nix dafür.

Der aufmerksame Leser wird sicher merken, dass wir uns auch hier die Realität so zusammenbasteln, dass sie zu unserem Verhalten passt und wir die Guten sind. Sind wir aber nicht. Wir fahren zu schnell, und die Polizei müsste uns anhalten. Wir sind die, die den Verkehr gefährden, das merken wir aber nicht, weil wir der Meinung sind, selbst die besseren Fahrer zu sein, und weil wir uns an denen orientieren, die sich auch nicht an die Geschwindigkeitsbegrenzung halten. Damit sind wir wieder die Guten, und alles ist paletti …

Drei Tipps, um ein fairer Player zu sein

1. Immer wenn du dich im Recht fühlst, überlege noch mal, ob du dich an die Regeln hältst. Wenn du dich nicht an die Regeln hältst, dich aber trotzdem im Recht fühlst, dann überlege noch mal von vorn. Wer sich nicht an die Regeln hält, ist nicht im Recht. Auch nicht, wenn alle anderen sich auch nicht daran halten.

2. Wenn du bei anderen feststellst, dass sie sich nicht an Regeln halten, überprüfe dich noch einmal selbst. Meistens stellen wir bei anderen messerscharf Regelverstöße fest, sind für die eigenen Unzulänglichkeiten jedoch blind. Frage dich immer mal wieder: Mache ich das eigentlich auch so? Und wenn die Antwort »Ja, aber …« lautet, dann streiche das »Aber«. Es ist schmerzhaft, aber es hilft.

3. Gib Fehler zu. Da halte ich Uli Hoeneß tatsächlich für ein Vorbild. Wer Scheiße baut und dazu steht, der wird den gleichen Unfug nicht wieder machen. Bei Lance Armstrong bin ich mir da nicht so sicher … Suche dir ein gutes Vorbild. Entweder jemanden, der schon mal ein Fairplay-Arschloch war und sich dann korrekt verhalten hat. Oder jemanden, der von Anfang an fair spielt. Ich persönlich mag die Uli-Hoeneß-Vorbilder. Eben weil wir nicht perfekt sind und sie uns zeigen, wie man gut zu seiner Unvollkommenheit stehen kann.

5 Verantwortung
Vom Wollen und Haben

Arschlochfaktor:
Verantwortlich sind immer die anderen

Trotz vieler möglicher Wahrnehmungsfehler und Psychofallen: Für unser Tun und Lassen sind wir grundsätzlich selbst verantwortlich. Schrittweise bis zur Volljährigkeit ist das mit der Verantwortung gesetzlich geregelt. Ausnahmen bestätigen auch hier die Regel, denn es gibt durchaus Situationen und Zustände, in denen die Fähigkeit, Verantwortung zu tragen, aussetzt. Aber nicht nur das, auch in diesem Bereich greifen psychologische Mechanismen, die uns den Blick auf die eigenen Verantwortlichkeiten immer wieder vernebeln. In einer hochkomplexen Welt, in der wir soziales Schach schon längst auf mehreren Ebenen spielen, ist das auch gar nicht verkehrt. Denn würden wir immer und zu jeder Zeit unsere volle Verantwortung in jeder Situation erkennen und annehmen, würde vermutlich niemand mehr aus dem Haus gehen.

Aber von vorn: Was ist überhaupt Verantwortung? Der Duden weiß zu berichten, dass Verantwortung in zwei Erklärungsbereiche aufgeteilt werden kann. Erstens in den Bereich, in dem es um eine Verpflichtung geht, die mit einer bestimmten Stellung und/oder Aufgabe verbunden ist. Diese wiederum geht mit der Verpflichtung einher, dass alles einen möglichst guten Verlauf nehmen sollte, dazu das Richtige getan wird und möglichst kein Schaden entsteht. Da geht's schon los, aber wie gesagt: der Reihe nach.

Zweitens erzählt uns der Duden, dass Verantwortung die Verpflichtung ist, für etwas Geschehenes geradezustehen und sich zu verantworten. Damit schreibe ich nichts wirklich Neues. Im Prinzip ist das jedem klar. Und wir alle nicken zustimmend und finden es auch gut, dass Verantwortlichkeiten verteilt, übernommen und abgegeben werden. Die Preisfrage ist nur: Warum fällt es uns so schwer, zu unserer Verantwortung zu stehen? Na ja, zum einen, weil unser Leben eben wahnsinnig komplex ist und weil es unglaublich schwer ist, immer moralisch richtige Entscheidungen zu treffen, obwohl wir sie gern treffen würden.

Das beste Beispiel ist für mich aktuell die Diskussion um den Klimawandel und die Bewegung »Fridays for Future«. Jedem Menschen, der wissenschaftlicher Forschung glaubt, (ich gehöre übrigens dazu) ist klar, der Klimawandel ist real, und wir müssen etwas tun. Das ist auch nicht das Problem. Viele Menschen in meinem Umfeld finden es großartig, dass Schüler sich für das Klima und gegen den Klimawandel engagieren. Und mit dem viralen Video von Greta Thunbergs Rede bei der UN-Klimakonferenz in Katowice 2018 wurde eine Bewegung losgetreten, die die meisten Menschen unterstützen.

Gott sei Dank werden in der Hauptsache die Politiker zu Buhmännern gemacht, die im Sinne der Großkonzerne Politik machen und so die Zukunft unserer Kinder verheizen. Da können wir problemlos mitgehen. Oder sollte ich besser sagen: mitfahren oder mitfliegen? Denn genau da setzt unsere Psychohygiene ein und trennt fein säuberlich die Verantwortlichen von der eigenen Verantwortung.

Natürlich ist die Politik verantwortlich. Es ist aber schon ein wenig schwierig, die Kids mit dem SUV zur »Fridays for Future«-Demo zu fahren und sich gleichzeitig über Klimaerwärmung aufzuregen. Können wir aber problemlos. Wir können unsere eigene Verantwortung ausblenden, müssen wir zum Teil auch, um nicht verrückt zu werden. Im gleichen Moment regen wir uns darüber auf, dass niemand etwas tut, und buchen den nächsten Urlaubsflug und ärgern uns, dass er zehn Euro teurer geworden ist.

Nicht dass wir uns falsch verstehen: Ich nehme mich da gar nicht aus. Mein Mann und ich lieben unseren Oldtimer-Bulli und fahren damit begeistert in den Urlaub. Verantwortung ausblenden gehört zum Alltag. Zumindest, wenn die Konsequenzen nicht sofort sicht- und spürbar werden. Unser Gehirn versteht auf der rationalen Ebene zwar die globalen Konsequenzen, solange es diese aber nicht direkt selbst spürt, verdrängt es einfach. Frei nach dem Motto: Was ich nicht sehen kann, ist auch nicht da.

Aber der Umweltschutz ist nicht der einzige Fall, in dem wir sehr gut mit zweierlei Maß messen können. Das Hemd ist uns eben doch näher als die Hose. Und das nicht, weil wir schlechte Menschen wären, sondern weil wir Energiesparer sind. Das klingt im Zusammenhang mit Umweltschutz doch ganz gut, bezieht sich aber nicht auf den Umweltschutz, sondern auf die Energie, die unser Gehirn gemeinhin verbraucht.

Rund ein Fünftel unserer Energie – wenn wir uns normal ernähren – geht an unser Gehirn.[12] Das klingt erst mal nicht so gigantisch. Bedenkt man aber, dass das Organ gar nicht so groß oder schwer ist, ist es doch ganz ordentlich. Okay, das

Gehirn arbeitet auch, wenn wir schlafen, weiter. Aber das tun andere Organe auch. Daran kann es schon mal nicht liegen. Es ist aber das Organ, ohne das es eben nicht geht. Sind wir hirntot, dann sind wir weg vom Fenster. Im wahrsten Sinne des Wortes. Aber was hat das nun mit dem Übernehmen der Verantwortung zu tun? Sehr viel!

Die Evolution hat sich mit dem Energiesparmodus fürs Gehirn etwas Pfiffiges ausgedacht. Grundsätzlich läuft unser Gehirn die meiste Zeit auf Sparflamme, um nicht allzu viel Energie zu verbrauchen. Deshalb legen wir uns Verhaltens- und Denkgewohnheiten zu, das spart Energie. Nur in wirklich wichtigen Fällen – und davon gibt es weniger, als wir annehmen – springt das tatsächlich rationale Denksystem an und fängt an zu arbeiten. Daniel Kahneman, US-amerikanischer Psychologe und Nobelpreisträger, beschreibt in seinem Buch »Schnelles Denken, langsames Denken« zwei Denksysteme, derer sich unser Gehirn bedient. Einmal das schnelle Energiesparsystem und das langsame energiefressende System.[13] Das schnelle Denken ist nicht zwingend das, was wir gemeinhin als unbewusst bezeichnen. Es ist vielmehr eine Sammlung von Gewohnheiten und Erfahrungen, auf die wir immer wieder ganz automatisch zurückgreifen, ohne es zu merken. Im Prinzip ein Autopilot. Für Fred und Wilma Feuerstein war das auch noch eine sehr gute Einrichtung. Ihre Welt war nicht halb so kompliziert wie unsere. Sie spielten in ihrer Horde zwar schon soziales Schach, aber doch mit einer sehr viel geringeren Zahl an Teilnehmern. Außerdem hatten ihre Aktionen weit weniger dramatische Auswirkungen auf die Welt an sich. Auch wenn der Mensch auch schon zu ihrer Zeit für einige Artensterben verantwortlich gemacht werden kann,[14] so waren die Auswirkungen ihrer Handlungen noch wesentlich überschaubarer, und sie trafen sie auch relativ direkt. Diese wurden dann wieder in den Autopiloten aufgenommen, und weiter ging's im Energiesparmodus. Der langsame Denkmodus wurde nur selten gebraucht.

Im Grunde funktionieren unsere Gehirne heute noch genauso, wir fliegen auf Autopilot. Wer das nicht glaubt: Jeder von uns ist schon mal zur Arbeit oder zum Einkaufen gefahren und war plötzlich da. An die Fahrt, die gerade einmal einige Minuten zurückliegt, besteht keinerlei Erinnerung. In solchen Situationen erleben wir aktiv den Autopiloten, aber erst in der Rückschau. Im Grunde funktionieren wir genauso. Und unser Gehirn findet das okay, weil es nämlich keine unnötige Energie verbrauchen will.

Wer jetzt aber anfängt, die Verantwortung für umweltfreundliches Verhalten übernehmen zu wollen, der merkt schnell, dass das gar nicht so einfach ist. Erstens, weil unser modernes Leben eben nicht auf Umweltschutz ausgerichtet ist, und zweitens, weil unser Gehirn das Ganze erst einmal für Energieverschwendung hält. Ein direkter Nutzen ist nicht erkennbar, und Gefahr ist auch nicht wirklich im Verzug. Also schaltet es den Autopiloten wieder an und lässt uns in unser Auto steigen und nicht in die Bahn. Ganz egal, welches Thema wir nehmen: Tierschutz, Umweltschutz, Menschenrechte, Fairtrade etc. Es ist nicht leicht, die Verantwortung für das zu übernehmen, was wir tagtäglich tun.

Damit wir bei diesen Widersprüchen – und davon gibt es ja mehr als genug – nicht verrückt werden, greift ein Rechtfertigungsmechanismus, der unsere Psyche im Gleichgewicht hält: die kognitive Dissonanz. Im Grunde wissen wir doch alle, was richtig ist, zum Beispiel, sich gesund zu ernähren, Sport zu treiben oder einfach nur ein netter Mensch zu sein. Wir kriegen es aber nicht hin. Zumindest nicht immer und zu jeder Zeit. Da unsere tagtäglichen Verhaltensweisen oft im krassen Gegensatz zu unseren Überzeugungen und zu unserem Weltbild stehen, argumentieren wir mehr oder weniger unbewusst, warum es gerade anders läuft. Die Theorie der kognitiven Dissonanz verdanken wir Leon Festinger. Ihm war schon länger aufgefallen, dass zwischen »Wollen« und »Tun« eine Lücke klafft. So richtig klar wurde ihm die Sache, als er sich Anfang der 1950er-Jahre in eine Sekte schmuggelte, deren Guru prophezeite, dass am 21. Dezember 1954 die Welt untergehen würde. Dass die Prophezeiung nicht eingetreten ist, bedarf wohl keiner weiteren Erklärung. Das haben auch die Sektenmitglieder gemerkt. Daraufhin ihren kompletten Glauben abzulegen, was jeder Außenstehende erwarten würde, hätte aber bedeutet, ihr gesamtes Selbstbild über den Haufen zu werfen. Ein psychologischer Kraftakt, zu dem Menschen nur in absoluten Ausnahmefällen in der Lage sind. Und der absolute Ausnahmefall ist ein nicht eintretender Weltuntergang nicht. Also argumentierten die Sektenmitglieder, dass Gott sie prüfen wollte und sie die Prüfung bestanden hätten. Alles wieder paletti.[15]

Wer jetzt denkt, »Mir wäre das nicht passiert«, der prüfe noch einmal seine Meinung zum Thema Umweltschutz, sein Autofahr- und/oder Urlaubsverhalten und seine Argumentationskette. Voilà: kognitive Dissonanz. Diese Form der Strategie nennen Psychologen übrigens Dissonanzreduktion. Der Begriff bezeichnet die Taktik unseres Gehirns, die unangenehme Kluft zwischen Wollen und Tun zu verringern. Das ist ein bisschen wie Schönsaufen, nur ohne Alkohol. Dabei belässt das Gehirn es nicht bei einfachen Rechtfertigungsargumentationen, es sucht sogar gezielt nach Argumenten, warum, wieso, weshalb wir uns jetzt so verhalten müssten.

Eine Zeit lang habe ich mich immer mal wieder mit einem alten Kollegen noch aus Werbeagenturzeiten getroffen. Wir hatten uns zu Beginn meiner beruflichen Laufbahn kennengelernt und über die Jahre eine lose Freundschaft entwickelt. Als ich dann meine Karriere in der Finanzdienstleistung beendete und mich selbstständig machte, stellte er fest – immer noch in der gleichen Agentur wie damals –, dass es bei mir ja auch viel einfacher sei als bei ihm. Eine Bemerkung, die er nicht zum ersten Mal fallen ließ, denn ein Großteil unserer Gespräche drehte sich über Jahre hinweg darum, wie ätzend die Agentur und was für ein Arschloch der Chef sei. Ich hatte nach zwei Jahren die Konsequenz gezogen und gleich die gesamte Branche gewechselt. Mein Kollege blieb. Er meinte, ich hätte ja Glück gehabt, dass ich ein Angebot einer großen Bank bekommen hätte. Da war ich schon mal richtig sauer, denn dieses Angebot erfolgte nach rund fünfzig Bewerbungen, etlichen Vorstellungsgesprächen und Assessment-Center. Aber gut, aus seiner Sicht war es halt Glück. Jedes Mal, wenn ich mir den Arsch abgearbeitet hatte und befördert wurde oder den Job in eine bessere Position wechselte, hatte ich seiner Ansicht nach Glück und/oder es lag daran, dass mir das ja alles so leichtfiel. Ich war natürlich jedes Mal sauer, argumentierte dagegen und erklärte ihm, warum er das auch könnte.

Jahrelang spielten wir dieses Spiel in unregelmäßigen Abständen. Als ich mich dann selbstständig machte und die ersten Jahre ziemlich schwierig waren, platzte mir der Kragen. Er war immer noch in der gleichen Agentur, immer noch nicht bereit, mal ein Risiko einzugehen oder sich nach der Decke zu strecken (aus meiner Sicht wohlgemerkt), und erzählte mir mal wieder, wie leicht es doch für mich sei und wie schwer für ihn.

Damals kannte ich das Phänomen der kognitiven Dissonanz noch nicht. Heute fällt es mir wie Schuppen von den Augen, wenn ich die Geschichte erzähle. Nicht mein Kollege war das Arschloch, sondern ich. Ich habe ihn nicht verstanden (Achtung: Vielleicht ist gerade bei mir kognitive Dissonanz am Start). Natürlich hätte er sich gern so verhalten wie ich, er hat es aus verschiedenen Gründen aber nicht getan. Um nun sein Selbstbild und damit seine Selbstachtung zu wahren, hat er für sich und andere begründet, warum er passiv blieb. Ob ich mich heute mit diesem Wissen anders verhalten würde, kann ich nicht sagen. Aber sobald mein erster Ärger verflogen ist, kann ich ähnliches Verhalten inzwischen besser einordnen.

Die größte Arschlochfalle, in die wir meiner Ansicht nach laufen, ist die, dass wir unser Selbstbild erhalten wollen. Es ist paradox, aber genau hier stolpern wir doch ziemlich häufig. Wie wir sein wollen und wer wir sind, sind sehr häufig zwei verschiedene Paar Schuhe. Das ist übrigens völlig normal. Bei jedem Menschen!

Arschlochfallen:
Wasch mich, aber mach mich nicht nass

Einsicht ist wie immer der erste Schritt zur Besserung. Dieses Buch hilft also schon mal, die ein oder andere Einsicht zu gewinnen. Herzlichen Glückwunsch. Wobei das noch der einfachste Schritt ist. Der nächste Schritt, sich einzugestehen, dass man sich nicht richtig verhält oder verhalten hat, das ist nicht mehr so leicht. Im Fall des umweltkonformen oder tierschutzkonformen Verhaltens auch schon ganz schön anstrengend. Meine persönliche Lösung ist in diesen Fällen: ein Schritt nach dem anderen. Hierzu später mehr.

Zunächst möchte ich noch einen Schwank aus meinem Leben erzählen. Als mein Mann und ich ein Paar wurden, war mein Vater nicht sonderlich begeistert. Er hielt meinen Mann für zu jung, unverantwortlich, arbeitsscheu und überhaupt … Für seine Tochter hatte er sich was anderes vorgestellt. Keinen sechs Jahre jüngeren Barkeeper und Türsteher ohne Schulabschluss. Papa war mehr so in Richtung Rechtsanwalt oder Herzchirurg unterwegs. Verständlich, aber ich wollte nun mal Lars (meinen Mann). Anfangs wurde Lars einfach ignoriert. Frei nach dem Motto, das beziehungsweise der geht schon wieder weg. Wie so ein Schnupfen eben. Tja, zum Leidwesen meines Vaters war dem nicht so. Nach zwei Jahren wollten wir auch noch heiraten. Da war es dann mit dem Ignorieren vorbei, und mein Vater versuchte es mit wüsten Drohungen. Das funktionierte auch nicht. Also brachte er zähneknirschend die Hochzeit irgendwie hinter sich und hat sich mit der Situation arrangiert. Nach und nach fand er an Lars dann doch Gefallen und war schließlich so überzeugt von seinem Schwiegersohn, dass ich immer öfter, wenn ich allein zu Besuch kam, mit den Worten begrüßt wurde: »Wo ist denn Lars?«

Mein Vater hat nicht nach Gründen gesucht, seine Meinung aufrechtzuerhalten. Er hat immer wieder sehen können, dass seine vorgefasste Meinung falsch war, und er hat sich nach und nach überzeugen lassen. Aber damit nicht genug: Er hat für sein anfängliches Verhalten die Verantwortung übernommen und sich bei meinem Mann entschuldigt. Aber nicht nur in einem persönlichen Gespräch. Er hat sich auf einer großen Feier im Kreis aller Familienmitglieder und Freunde – ich glaube, 200 Personen waren anwesend – in seiner Festrede offiziell entschuldigt und hat geradegerückt, dass er sich anfangs getäuscht hat. Verantwortung zu übernehmen im privaten Rahmen ist das eine, dass öffentlich zu machen noch mal eine ganz andere Liga. Chapeau, Papa!

Die eigene Meinung, die eigenen Argumentationen immer wieder auf die Probe zu stellen und zu hinterfragen ist gar nicht so einfach. Für die Fehler und Fehleinschätzungen, die wir so gemacht und in den Orbit geblasen haben, die volle Verantwortung zu übernehmen ist die Kür, zu der wir viel zu selten kommen. Denn vor der Kür steht die Pflicht. Und die Pflicht ist eine konstruktive Fehlerkultur. Im Umgang mit anderen und vor allem mit sich selbst.

In vielen Firmen mangelt es an dieser Fehlerkultur. Fehler werden so lange vertuscht, bis es nicht mehr geht. Dabei sitzen in den Firmen eigentlich keine ausgemachten Arschlöcher, sondern Menschen wie du und ich. Auch hier greifen wieder viele Mechanismen. Druck von oben gehört mit Sicherheit auch dazu und die Angst um die eigene Existenz. Aber eben auch mangelnde Fehlerkultur. Wenn im Unternehmen beispielsweise ein Mitarbeiter in Verantwortung sagt: »Ja, das kriegen wir schon irgendwie hin«, dann kann diese Person in der Regel nicht mehr zurückrudern. Auch hier gibt es wieder viele Gründe. Einer davon ist, dass der

Chef sich nun darauf verlässt. Entweder reicht die moralische Erpressung, die auch nur mehr oder weniger bewusst geschieht, aus, oder es wird noch zusätzlicher Druck aufgebaut. Irgendwann ist es dann so weit, dass es nicht mehr ums »Hinkriegen« geht, sondern um das »irgendwie«.

Aber woher kommt diese, von außen betrachtet, unglaublich dämliche Verhaltensweise, die wir alle immer mal wieder in ähnlichen Situationen an den Tag legen? Warum tappen wir immer mal wieder in die Arschlochfalle und reden uns raus?

Einige Experten gehen davon aus, dass es mit unseren kulturellen und schulischen Erfahrungen zusammenhängt, darunter Professor Gerald Hüther und Richard David Precht. Precht rechnet in seinem Buch »Anna, die Schule und der liebe Gott« mit dem deutschen Schulsystem gründlich ab. Wie ich finde, zu Recht, stammen die Grundmauern unseres Bildungssystems doch noch aus dem alten Preußen. Das ist ja erst mal nicht schlecht, allerdings ist das in Haupt-, Realschule und Gymnasium aufgeteilte System von damals nicht mehr zeitgemäß. Eine Schule für die Arbeiter (Hauptschule), eine für die Kaufleute (Realschule) und eine für die Geisteswissenschaften (Gymnasium) waren für die damalige Zeit und die damaligen Ansprüche gut, heute ist das aber überholt. Noch heute lernen unsere Kinder Dinge wie vor hundert Jahren. Ein Witz, wenn man bedenkt, dass die technologische Entwicklung exponentiell verläuft. Das heißt, dass sich die Entwicklungsgeschwindigkeit alle paar Jahre verdoppelt. Das sind Zahlen, bei denen streckt unser Gehirn einfach die Flügel. Das können wir uns einfach nicht vorstellen. Mit anderen Worten, was wir heute über Technologie lernen, ist in zehn Jahren nicht nur von gestern, sondern hoffnungslos veraltet. Wenn überhaupt Technologien in der Schule besprochen werden.

Das wirft die Frage auf: Wäre es nicht viel sinnvoller, wir hätten in der Schule gelernt, wie unser Gehirn funktioniert und in welche Fallen wir tagtäglich immer wieder tappen? Was, wenn wir gelernt hätten, wie schwierig es ist, ein guter Mensch zu sein, ohne daran zu verzweifeln und es einfach jeden Tag aufs Neue mit Begeisterung zu versuchen? Was, wenn wir gelernt hätten, mit maximaler Entdeckerfreude in die Welt zu gehen, und uns keine »Ja, aber …«-Attitüde zurechtgelegt hätten?

All das haben wir aber nicht gelernt. Wir haben gelernt, dass zwei Rechtschreibfehler in einem Fünfhundert-Wörter-Text eine Katastrophe sind. Dass es beim Lösen einer Matheaufgabe nur einen richtigen Weg gibt. Welcher das ist, hängt vom jeweiligen Lehrplan ab. Jeder, der Kinder hat, verzweifelt mindestens einmal in seinem Leben daran, seinem Kind Mathe zu erklären, weil der einzig richtige Weg zur Lösung heute leider nicht mehr der ist, der noch vor ein paar Jahren als richtig galt.

Kinder lernen also, dass Fehlervermeidung wichtig, gut und richtig ist. Jetzt könnte man argumentieren, dass sie auch lernen, mit Fehlern umzugehen. Wirklich? Lernen die Kinder wirklich eine gesunde Fehlerkultur und mit Fehlern verantwortungsvoll umzugehen? Also zu meiner Zeit fühlte sich das Korrigieren von Arbeiten an wie eine zusätzliche Strafe, die man für das Versagen beziehungsweise die Fehler aufgebrummt kriegte. So haben meine Generation und auch ein paar Generationen nach mir »Fehlerkultur« gelernt. Ich erinnere mich an verschiedene Episoden, da haben wir Schüler noch Fehler in unseren Arbeiten entdeckt, die der

Lehrer übersehen hatte – was haben wir uns gefreut! (Wenn ich jetzt den Bogen zur Dieselaffäre spanne, wird ein Schuh draus ...) Wir werden nicht zu Erfolgssuchern ausgebildet, sondern zu Fehlervermeidern. Und wir lernen, eher Fehler zu vertuschen und uns herauszureden, als Fehler als echte Lern- und Verbesserungschance zu sehen. Ich kenne keinen Schüler, der seine Fehler feiert, weil jeder Fehler ein großer Schritt zur Verbesserung ist.

Ich persönlich hätte gern mehr darüber gelernt, was es heißt, Verantwortung zu tragen und eine gesunde Fehlerkultur für mich selbst zu entwickeln. Mir wäre sicher einiges erspart geblieben, und vielleicht wäre ich in meiner persönlichen Entwicklung schon ein Stück weiter. Wer weiß?

Arschlochbremsen:
Vom Fehlervermeider zum Erfolgssucher

Alles auf Kultur und Schule zu schieben, ist leider auch zu einfach. Es sind Faktoren, die dazu beitragen, dass wir eher dazu neigen, Fehlervermeider als Erfolgssucher zu sein, das allein ist aber nicht das Problem. Ein weiterer Faktor ist, dass es eben unangenehm ist, für fehlerhafte Handlungen und ihre Konsequenzen die Verantwortung zu übernehmen. Wenn wir etwas gut machen, fällt es uns natürlich leicht, uns über das Ergebnis zu freuen. Das heißt ja, für den Erfolg Verantwortung zu übernehmen, und das tun wir gern. Wie schaffen wir es aber, auch für die unangenehmen Dinge die Verantwortung zu übernehmen? Na ja, auch hier ist Einsicht immer wieder der erste Schritt zur Besserung. Wer erst mal vor sich selbst zugeben kann, dass er Mist gebaut hat und/

oder für die Konsequenzen seiner Handlungen verantwortlich ist, egal, wie gut sie gemeint waren, der ist auf jeden Fall einen großen Schritt weiter. Ja, das ist am Anfang unangenehm und erfordert Übung. Tatsächlich ist es auch beim Übernehmen der Verantwortung wie mit allen anderen Dingen: Wir müssen es üben. Und das immer wieder! Irgendwann geht es uns leicht von der Hand, denn wir haben das Ganze ja schon Tausende Male durchexerziert. Ja: Tausende! Ein- bis zweimal reicht leider nicht. Es ist wie beim Laufenlernen: zehntausendmal hinfallen, bis wir es können. Und Erwachsene brauchen genauso lange. Nur weil wir erwachsen sind, brauchen wir nicht weniger Übung.

Bitte nicht falsch verstehen, ich sehe auch nicht in jedem Mist, den ich baue und für den ich die Verantwortung übernehme, immer sofort eine Lernchance. Manchmal brauche ich etwas Zeit und/oder Abstand. Wenn ich das Ganze dann noch mit einem weniger fehlerorientierten Blick auf mich selbst betrachte, dann komme ich zu dem Gedanken: »Okay, suboptimale Entscheidung. Verständlich, aber eben suboptimal. Mal schauen, ob ich es beim nächsten Mal besser hinkriege«; das hat eine ganz andere Denkqualität als Verdrängung und Rechtfertigung. Eine solche Denkweise lässt schrittweise Verbesserung zu. Ich lasse mir selbst damit die Tür auf, kein schlechter Mensch zu sein. Wenn ich mich für alle meine täglichen Verfehlungen immer geißeln würde, hätte ich keine Zeit, dieses Buch zu schreiben. Ich wäre ziemlich schnell nach dem Aufstehen mit Selbstgeißelung beschäftigt …

Es gibt in dem ganzen Gewirr aus Verdrängung, Rechtfertigung und semioptimaler Sozialisation aber durchaus Lichtblicke. Diese kommen aus der Gehirnforschung. Wissenschaftler haben im Jahr 2006 herausgefunden: Wenn wir Gutes tun oder sozial gute Entscheidungen treffen, werden in unserem Gehirn Bereiche aktiv, die auch bei einer leckeren Mahlzeit oder bei gutem Sex aktiviert werden.[16] Das bedeutet, dass es sich grundsätzlich gut anfühlt, Gutes zu tun. Wenn wir also unsere gelernten Rechtfertigungsschleifen verlassen und uns trauen, Verantwortung zu übernehmen und gut zu handeln, dann belohnt unser Gehirn uns mit ein paar gehirneigenen Opiaten. Das ist doch mal eine gute Nachricht.

Es gibt auch noch eine weitere Komponente, warum es sich lohnt, Verantwortung zu übernehmen: Nur wer die Situation zulässt und offen eingesteht, was gerade nicht so super läuft, ist in der Lage, die Situation zu verändern und damit hoffentlich zu verbessern. Rechtfertigungsschleifen bringen niemanden irgendwohin. Man steckt in der unangenehmen Situation fest. Wenn wir aber hingehen und sagen: Ja, so ist es, und wie kriegen wir jetzt die Kuh vom Eis? – dann haben wir gute Aussichten auf Lösungen.

Am Beispiel des Dieselskandals hätte nur ein Verantwortlicher bei Volkswagen sagen müssen: »Passt mal auf, Freunde. Ist nicht schön, aber hier stehen wir. Wie gehen wir jetzt vor, um aus der Situation wieder gut herauszukommen?« Wer sich aber mit Schuldfragen aufhält, der kann natürlich nicht damit rechnen, dass irgendwer den Kopf hebt und einfach mal sagt, wie es ist. Fehler zu analysieren ist etwas anderes, als Schuldige zu suchen. Egal, ob in der Firma, im Freundeskreis oder in der Familie. Eine sinnlose Frage, die wir in diesem Zusammenhang immer wieder gern stellen, ist: »Warum hast du das gemacht?« Oder: »Wie konnte das

passieren?« Ich frage mich immer, welche Antwort wir ernsthaft auf solche Fragen erwarten. Eine viel sinnigere Frage
wäre doch: »Wie lösen wir das jetzt?« Die ersten beiden
Fragen sind rückwärtsgewandt, die andere schaut nach
vorn. Es spricht nichts dagegen, die Situation irgendwann
aufzuarbeiten, aber doch bitte erst dann, wenn die Kuh vom
Eis ist.

Drei Tipps, um kein verantwortungsloses Arschloch zu sein

1. Es hilft, sich klarzumachen, dass eine Situation immer
   erst besser wird, wenn wir Verantwortung für unser Tun
   und Lassen übernehmen. Schieben wir die Verantwortung weg, wird es in der Regel noch schlimmer. Wenn
   wir uns also klarmachen, dass die unangenehme Situation aufhört, wenn wir sagen: »Ja, meine Baustelle …«,
   dann steigt die Wahrscheinlichkeit einer positiven
   Veränderung exorbitant. Okay, der Anfang ist unangenehm. Es ist ein bisschen wie beim Zahnarzt, der ein
   Loch füllt. Erst müssen wir uns überwinden, dann ist es
   kurz unangenehm, und danach ist es besser als vorher.

2. Wir wachsen mit unseren Aufgaben und mit unserer
   Verantwortung. Tatsächlich entwickeln sich die Menschen weiter, die immer mal wieder (immer geht glaube
   ich nicht) die Verantwortung für sich und ihre Taten
   übernehmen. Bei diesen Menschen tritt irgendwann
   dieser »Ruht in sich selbst«-Effekt ein. Sie fahren nicht
   mehr so leicht aus der Haut und sind unglaublich souve-

rän. Zusätzlich sind sie in der Lage, auch schwierigen Zeiten etwas Positives abzugewinnen, und sie scheinen frei von Angst zu sein. Ich schreibe sehr bewusst »scheinen«, denn Angst ist ein ganz natürlicher Begleiter des Menschen. Aber Menschen, die keine Angst haben, Verantwortung zu übernehmen, haben in der Regel im Allgemeinen deutlich weniger Angst. Wer sich das klarmacht, der hat meiner Ansicht nach einen wunderbaren Grund, sich immer mal wieder an die eigene Verantwortung heranzutrauen.

3. Jetzt kommt wieder das Vorbild ins Spiel. Suche dir ein Vorbild. Mein Vorbild ist auf jeden Fall mein Papa in der zuvor beschriebenen Situation. Außerdem habe ich großen Respekt vor Uli Hoeneß und seinem Verhalten während seiner Steueraffäre. Es gehört schon einiges dazu, sich in der Öffentlichkeit zu seinen Fehlern zu bekennen.

6

Macht
*Aus großer Macht erwächst
große Verantwortung*

Arschlochfaktor:
Macht ohne Verantwortung

»Aus großer Macht erwächst große Verantwortung!« – diesen Satz, der in »Spiderman« fällt, mag ich sehr. Es geht darum, wie wir mit Macht umgehen. Macht zu haben ist zunächst einmal gar nicht so schwer. Eltern haben Macht über ihre Kinder. Tierhalter haben Macht über ihre mehr oder weniger haarigen Gefährten. Männer haben Macht über Frauen und/oder umgekehrt. Es gibt immer ein Kräfteverhältnis auf einer Ebene. Ins Auge springt es, wenn es auf der körperlichen Ebene stattfindet. Es ist aber genauso auf gesellschaftlicher, sozialer und geistiger Ebene zu finden.

Sind Menschen, die nach Macht streben, per se schlechte Menschen? Streben sie nach Macht, um andere Menschen auszubeuten und auf ihre Kosten zu leben? Von außen hat es auf jeden Fall diesen Anschein.

Was auf jeden Fall stimmt, ist: Wenn wir Macht haben, verhalten wir uns anders, als wenn wir in einer machtlosen Position sind. Forscher haben herausgefunden, dass Menschen mit Macht egoistischer denken und handeln als Menschen ohne Macht. In machtlosen Positionen neigen wir dazu, sozial zu denken und zu handeln. In machtvollen Positionen sind wir egoistischer[17] – und sogar empfänglicher für

Belohnungen. Wir glauben eher, diese verdient zu haben. Wir sind beispielsweise der Meinung, dass wir den letzten Keks verdient haben, weil wir so tolle Hechte sind. Sozialwissenschaftler haben in einer Versuchsreihe eine ungleiche Anzahl Kekse auf einen Teller gestellt. Den Versuchsteilnehmern wurde vorher eine klare Machtstruktur ihrer Gruppe suggeriert. Dann beobachteten die Wissenschaftler, wer den letzten Keks nehmen würde. Es waren zum größten Teil die Versuchsteilnehmer, denen vorher Macht zugesprochen wurde. Und nicht nur, dass sie den letzten Keks für sich beanspruchten. Sie kauten weitaus häufiger mit offenem Mund und krümelten ihren Platz voll ... Macht und ein Benehmen wie eine offene Hose scheinen also auch miteinander verknüpft zu sein. Dazu gibt es auch noch andere Studien, die zeigen, dass wir, je mehr Macht wir besitzen, uns weniger an gesellschaftliche Normen halten.

Wenn wir uns noch einmal das Bild von Donald Trump, der Angela Merkel den Handshake verweigert, in Erinnerung rufen, wird vor diesem Hintergrund vielleicht einiges klarer. Donald Trump glaubt tatsächlich, dass für ihn andere Regeln gelten. Gott sei Dank gibt es immer noch genügend Menschen, die ihre gute Kinderstube trotz ihrer Macht nicht vergessen. Selbstverständlich ist das aber nicht.

Erstaunlicherweise ist es vor allem im beruflichen Kontext so, dass wir in Machtpositionen gelangen, weil wir gute soziale Verhaltensweisen an den Tag legen und unseren Job einfach gut machen. Wenn wir dann in eine Führungsposition kommen, vergessen wir irgendwie den sozialen Teil. Oft reduziert sich damit auch das gute fachliche Ergebnis, denn fachlich gute Ergebnisse hängen in den meisten Fällen mit der Teamfähigkeit des Einzelnen zusammen. Macht korrumpiert. Wir verlieren den guten Blick auf uns selbst.

Als ich meine erste Führungsverantwortung bekam, war es bei mir nicht anders. Vor meinem Aufstieg musste ich mich zwangsläufig mit allen Kollegen abstimmen und mich sozial einwandfrei verhalten, um meine Ideen nach vorn zu bringen. Mit meinem Aufstieg fiel diese Notwendigkeit, zumindest auf der untersten Hierarchiestufe, weg. Und ich ließ auch mein gutes Sozialverhalten auf dieser Stufe sausen. Das war nicht bewusst beabsichtigt. Auch ich stehe morgens nicht auf und denke mir: »Super, heute bin ich mal ein richtiges Arschloch.« Niemand tut das. Manche Dinge passieren. Wir rutschen da so rein. Menschen in machtvollen Positionen denken nachweislich abstrakter und handeln weniger altruistisch.

Grundsätzlich ist das nichts Schlechtes. Wer für das große Ganze verantwortlich ist, wird sich mit Entscheidungen, die für das große Ganze sind und gegen den Einzelnen, schwertun. In Unternehmen sehen wir das immer wieder. Wenn ich das Überleben eines Unternehmens sichern will, ist es manchmal notwendig, bestimmte Bereiche zu schließen. Tue ich das nicht, geht das Unternehmen komplett unter. Entscheidungen allein zum Wohle der Gewinnmaximierung sind in dieser Argumentationskette ausdrücklich ausgeschlossen.

Viele Wissenschaftler erklären dieses Verhalten mit der sogenannten »Construal level theory«.[18] Diese Theorie besagt im Prinzip, dass uns das Hemd näher ist als die Hose. Mit anderen Worten, dass wir die Dinge, die uns nicht so nah sind – egal ob räumlich oder nur gefühlt –, eher abstrakt beurteilen. Da sind wir dann logisch distanziert. Bei Dingen, die uns aber nah sind, sind wir gefühlsmäßig voll im Spiel. Da ist es dann vorbei mit der gern zitierten Sachebene. Was hat das mit Macht zu tun? Bei unserem Unternehmensbeispiel ist es so, dass wir ja schon sprachlich den Ausdruck »aufsteigen« verwenden. Wir klettern also hoch und entfernen uns von den anderen im übertragenen Sinn. Tatsächlich verlieren wir auch den Kontakt zu unseren ehemaligen Kollegen, da wir in den Kreis der Führungsriege aufsteigen. Und je weiter wir aufsteigen, umso mehr Distanz baut sich dazwischen auf. Damit werden unsere Entscheidungen abstrakter und gefühlskälter. Auf der gleichen Ebene, die uns nah ist, entscheiden wir dann wieder altruistischer. Vielleicht ist das auch die Erklärung, warum Bundestagsabgeordnete kein Problem damit haben, Hartz-IV-Sätze zu kürzen und in der gleichen Sitzung über eine Diätenerhöhung für sich und die Kollegen zu entscheiden: das Hemd-Hose-Prinzip …

Auch dieses Verhalten ist bereits gut erforscht: Wir Menschen scheinen einfach grundsätzlich Arschlöcher zu sein, wenn es um den eigenen Vorteil geht, wenn wir in Machtpositionen sind. Alle, die jetzt innerlich »Nein« schreien, leider einbezogen. 2015 hat ein Forscherteam mit Studenten – wenn die nicht in der Masse sozial sind, dann weiß ich es auch nicht – ein Spiel um Geld gespielt. Es ging darum, 20 Euro – also nicht die Welt – unter sich und ein paar Gruppenmitgliedern aufzuteilen. Dabei wurde der Geldverteiler vor folgendes Problem gestellt: Teilte er sich den größten Teil des Geldes zu, verminderte sich die insgesamt zu verteilende Geldmenge. Teilte er sich selbst die geringere Summe zu, wurde die Geldmenge für alle größer. Das Ergebnis: Je größer die Gruppe war, über die der Geldverteiler entscheiden konnte, umso egoistischer war seine Verteilung. In Zahlen: Bei den Verteilern mit großer Gruppe – also mit viel Macht – lag der Anteil derer, die sich selbst großzügiger bedienten, bei fast 90 Prozent.[19] Wenn Macht im Spiel ist, dann werden selbst nette Studenten zu gierigen Arschlöchern.

Mal Hand aufs Herz, jeder von uns hat das an sich schon mal festgestellt, wenn auf einer Geburtstagsparty die letzten Stücke des leckersten Kuchen aufgeteilt werden sollen. Ich für meinen Teil ertappe mich immer wieder dabei, wie ich versuche, mir das größte Stück vom Rest auf den Teller zu mogeln. Ja, mit einem schlechten Gewissen – immerhin –, aber das geht mehr so in Richtung »Hoffentlich merkt es keiner«. Denn als gieriges Arschloch will ich dann auch nicht dastehen. Die zuvor beschriebene Keksnummer hat auch jeder im umgekehrten Fall schon erlebt. Nämlich in einer Gruppe von Gleichgestellten. Da bleibt immer das Anstandsstück auf dem Teller zurück.

Arschlochfallen:
Was Macht mit uns macht

Dass Macht korrumpiert, wussten wir ja irgendwie schon immer. Dass es aber jeden Menschen irgendwie erwischt, also auch uns, ist schwer zu verkraften. Natürlich greifen auch hier wieder sämtliche psychischen Mechanismen, um unser Selbstbild so gut es geht zu erhalten. Denn wenn wir uns tatsächlich so sehen würden, wie wir tagtäglich unterwegs sind, dann würden wir schlicht und ergreifend verrückt werden.

Donald Trump oder Harvey Weinstein sind garantiert nicht der Meinung, dass sie ihre Macht in irgendeiner Form missbrauchen. Sie glauben vermutlich, sie hätten aufgrund ihrer Leistungen das Recht, sich so zu verhalten. Darüber hinaus haben sie ganz bestimmt weitere wahnsinnig gute Gründe, warum, wieso, weshalb sie tun, was sie tun. In Weinsteins Fall wurde die mehr oder weniger umfassende Läuterung von außen erzwungen, als die MeToo-Bewegung in Fahrt kam. Bei Weinstein – Machtmissbrauch, um sexuelle Gefälligkeiten zu erzwingen – kam noch ein weiteres Phänomen, das mit Macht vergesellschaftet ist, hinzu: das Schweigen derer, die den Machtmenschen nicht gegen sich aufbringen wollten, und ein altertümliches Bild der Hollywood-Traumfabrik. Eine merkwürdige Form von: Das haben wir schon immer so gemacht … Eine Kombination, die dem, der Macht ausübt, vermittelt: Ist alles okay, sagt ja keiner was dagegen, und die Ergebnisse scheinen auch okay zu sein. Und wieder die Frage: Merkt der das denn nicht? Gegenfrage: Wie denn? Die gesamte Umwelt spiegelt ihm, dass es okay ist, was er da macht. Niemand sagt etwas oder macht auch nur im Entferntesten Andeutungen.

Ein von mir sehr geschätzter Kollege, der ein großes Beratungsunternehmen leitet, hat sich mal dieses Thema für einen Vortrag vorgenommen. Es ging um das Thema »Was Macht mit uns macht«. Macht korrumpiert tatsächlich nicht nur, Macht lässt uns auch anders denken und handeln. Sie gibt uns das Gefühl, etwas Besseres zu sein. Klüger zu sein und Dinge besser zu verstehen als der Rest der Welt.[20]

Meinen Kollegen hat das fasziniert. Natürlich hat er nicht geglaubt, dass das auch auf ihn zutrifft. Also hat er sich selbst beobachtet. Menschen in Machtpositionen nehmen sich nämlich mehr raus als andere. In Experimenten haben Psychologen festgestellt, dass Machtmenschen beispielsweise den letzten Keks für sich beanspruchen, wenn nur eine ungerade Zahl an Keksen für alle Teilnehmer vorhanden ist. Sie glauben, sie haben diesen Keks verdient, obwohl sie die anderen Versuchsteilnehmer gar nicht kennen. Genau diese Verhaltensweise hat mein Kollege bei sich festgestellt. Er nimmt auch immer den letzten Keks oder das letzte Gummibärchen. Dabei hat auch er, so berichtete er, das Gefühl, den letzten Keks verdient zu haben. Ist schließlich sein Laden, und er hält das hier alles am Laufen. Er erzählte das mit einem Augenzwinkern, machte aber auch deutlich, dass er damit in dieser Form nicht gerechnet hatte. Er hatte sich vorher für einen extrem sozialen Typen gehalten, der den letzten Keks seinen Mitarbeitern überlässt. Tja, von innen ist es immer schwer zu sagen, ob man im Glashaus sitzt. Das Glas sehen wir ja nicht …

Macht zu haben ist per se nicht gut oder schlecht. Es ist, was es ist. Die Frage ist immer, wie gehen wir damit um. Es ist ja auch nicht schlecht, ein Messer zu besitzen. Die Frage ist: Was stellen wir damit an? Da wären wir wieder bei Onkel Ben und Peter Parker aus »Spiderman«. Und der Frage: Was ist denn überhaupt große Macht? Macht über was und wen? Eltern haben Macht über ihre Kinder, Menschen mit guten rhetorischen Fähigkeiten können die Macht der Sprache nutzen, beliebte Kids haben Macht über die weniger Beliebten, Lehrer über ihre Schüler, Eltern über Lehrer, Tierhalter haben Macht über ihre Tiere etc. Die weniger offensichtlichen Machtkonstellationen halten genauso viele Fallstricke bereit wie die offensichtlichen in Unternehmenskontexten oder in der Politik.

Selbst in der Familie gibt es Macht, und sie wird ausgeübt.

Auch hier ist das zunächst weder gut noch schlecht. Die Frage ist, in welcher Ausprägung das Ganze daherkommt. Eltern, die immer noch der Meinung sind, dass so ein Klaps nicht schadet, üben körperliche Macht über ihre Kinder aus. Gesellschaftlich ist das, Gott sei Dank, nicht mehr akzeptiert, wird aber leider immer noch praktiziert. Gewalt ist Machtmissbrauch. So einfach ist das. Natürlich ist es anstrengend, sich mit seinem Nachwuchs auseinanderzusetzen. Mein Sohn hat mich auch immer wieder an den Rand des Wahnsinns getrieben, genau wie ich meine Eltern. Aber das gehört nun mal dazu. Und genau da trennt sich die Spreu vom Weizen: Wer seine Macht nicht missbraucht, sondern sie als Privileg versteht, der ist in jeder Hinsicht würdig. Nicht umsonst wird in allen Heldenepen die Macht am Schluss immer demjenigen zugesprochen, der sie gar nicht haben will.

Eine der fiesesten Arschlochfallen ist die Mir-passiert-das-nicht-Falle. Klar denken wir, dass wir anders sein werden, wenn wir erst einmal in einer Stellung sind, in der wir nicht mehr, oder nur noch eingeschränkt, nach der Pfeife eines anderen tanzen müssen. Schließlich wissen wir ja, wie doof das ist. Und an die Damen: Frauen machen da keine Ausnahme. Ich bin dafür ein leuchtendes Beispiel. Wie schon erwähnt, habe ich mich bei meinen ersten Gehversuchen als Führungskraft nicht mit Ruhm bekleckert. Die Falle, in die ich getappt bin? Ich dachte, meine Ideen wären die besten. Ganz fies dabei: Es war mir nicht bewusst. Ich habe mir alle Ideen angehört, um dann am Schluss doch meine zu nehmen. Vielleicht habe ich sie leicht abgewandelt, aber das war's in den meisten Fällen dann auch. Schöngeredet hab ich mir das oft mit der Argumentation, dass meine Mitarbeiter das große Ganze nicht sehen konnten. Das ist manchmal auch richtig. Aber eben nicht immer. Wer Mitarbeiter hat, die nie das große Ganze sehen, ist als Chef doppelt unfähig. Er ist nicht fähig, die richtigen Mitarbeiter zu finden, oder er ist ein Arschloch. Noch schlimmer: Beides trifft zu.

Bitte jetzt nicht gleich an den eigenen Vorgesetzten denken, nur weil er zwischendurch unpopuläre Entscheidungen trifft: Das gehört zum Job. Macht und Verantwortung kommen immer auch mit der Prämisse daher, manchmal ein Arschloch sein zu müssen. Der Grat ist schmal. Auf beiden Seiten.

Arschlochbremsen:
Die dunkle Seite der Macht erkennen

Mit Macht wirklich arschlochfrei umzugehen, ist, meiner Ansicht nach, extrem schwierig. Für mich persönlich ist diese Einsicht schon fast das Maximum dessen, was wir erreichen können. Aber eben nur fast. Denn es gibt ja durchaus Menschen mit Macht, die mit ihr verantwortungsbewusst umgehen. Und dafür müssen wir nicht in die Welt der Comichelden abtauchen. Aber es muss uns eben klar sein, dass das menschliche Gehirn und mit ihm die menschliche Psyche nicht die rationalen, logischen Werkzeuge sind, die wir gern hätten. Und selbst wenn sie es wären, so wären sie wieder nicht perfekt genug.

Damit sind wir auch schon bei einer zentralen Frage: Entscheiden wir rational oder emotional, altruistisch oder egoistisch? Sowohl als auch. Sicher ist, dass wir grundsätzlich hilfsbereit sind. Voraussetzung ist allerdings, dass wir nicht durch Belohnungen korrumpiert wurden.

Studien haben gezeigt, dass Kleinkinder und auch Primaten grundsätzlich helfen, wenn sie sehen, dass jemand Hilfe braucht. So hat ein Forscherteam beispielsweise einem Erwachsenen so viel zu tragen gegeben, dass er ein Teil seiner Last verlor. Kleinkinder, die dies beobachteten, liefen zu dem Erwachsenen hin, hoben das verlorene Teil auf und reichten es ihm. Einfach so, ohne dafür eine Belohnung zu erhalten. Und sie taten es freudig immer wieder. Es schien, als hätten sie Freude am Helfen. Kinder hingegen, die für ihre Tat eine Belohnung bekamen, stellten ihre Hilfsleistungen ein, wenn die Belohnung irgendwann ausblieb.[21]

Die gute Nachricht ist, dass wir so schlecht gar nicht sind, die schlechte ist, dass wir wahnsinnig korrumpierbar sind. Verantwortlich dafür ist ein Hirnareal, der Nucleus accumbens, das Belohnungszentrum im Gehirn. Eine nicht ganz blöde Einrichtung, denn sie sorgt dafür, dass wir nach manchen Dingen streben, weil sie uns gute Gefühle bereiten. Für das Überleben von Fred und Wilma Feuerstein war das absolut sinnvoll. Wenn Sex keine guten Gefühle machen würde, wäre die Menschheit vermutlich ausgestorben. Ebenso verhält es sich mit einer guter Mahlzeit und Erfolgserlebnissen. Alles, was das Überleben besser, schöner und vor allem wahrscheinlicher macht, dafür springt das Belohnungszentrum im Gehirn an und belohnt uns mit guten Gefühlen. Da der Nucleus accumbens noch auf Steinzeitmodus läuft, verhalten wir uns oft irrational. Wir wollen die Tüte Chips eigentlich nicht essen – und ehe wir uns versehen, sind nur noch Krümel übrig. Und während der Snackverhaftung hat es sich auch wahnsinnig gut angefühlt: Steinzeitmodus. Danach geht sofort das schlechte Gewissen an den Start: Neuzeitmodus. Blöd nur, dass der Steinzeitmodus schneller am Start ist. Da pennt der Neuzeitmodus noch. Und bis der geschnallt hat, was da gerade wieder abgeht, sind zwei Tüten Chips längst vernichtet.

Diese Gier nach guten Belohnungsgefühlen ist zum einen Teil ein Automatismus und zum anderen Teil gelernt. Die Eltern belohnen ihre Kinder für löbliche Verhaltensweisen. Das führt sich fort in Kindergarten, Schule, im Job. Wir sind auf Belohungs- und Schnäppchenjagd konditioniert. Das haben wir gelernt. Wir belohnen uns sogar selbst für bestimmte Leistungen. Das haben wir uns doch jetzt wirklich verdient … Ein Lernkreislauf, der motiviert. Allerdings ist immer die Frage: Wozu? Wozu werden wir motiviert? Eine Frage, die wir bei der Schnäppchenjagd und dem Run auf die nächste Belohnung leicht aus den Augen verlieren. Unserem Nucleus accumbens ist die Antwort nämlich scheißegal. Hauptsache, Belohnung!

Da muss der präfrontale Cortex ran und mit Werten und Moral aktiv gegensteuern. Denn Werte und Moral sind die natürlichen Gegenspieler der Korrumpierbarkeit durch Belohnung. Mit ihnen erfolgreich gegenzusteuern, erfordert zum einen aktives Bewusst-Sein und zum anderen eine Menge Übung. Und die Bereitschaft, zunächst einmal mit den eigenen Steinzeitwurzeln Frieden zu schließen und zu akzeptieren, dass in jedem Menschen ein kleiner machtgieriger Anteil hockt, der Macht auskostet, wenn er sie hat. Das ist halt so. Die Frage ist: Merken wir es rechtzeitig? Und wenn ja, was machen wir daraus?

Drei Tipps, um Macht über die Macht zu erlangen

1. Mache dir immer klar, dass du diesen machtgeilen Anteil in dir trägst. Jeder Mensch hat ihn. Selbst die sozialsten Studenten (siehe Kapitelanfang). Nur wer dies zunächst vor sich selbst zugeben kann, hat eine reelle Chance, seine Macht nicht zu missbrauchen. Klarheit über Macht und über das eigene Verhältnis zur Macht zu haben ist für mich der erste Schritt zu einem verantwortungsvollen Umgang mit ihr.

2. Nach Macht strebt, wer Ohnmacht spürt. Warum willst du Macht haben beziehungsweise sie ausüben? Eine Frage, die ich gern Führungskräften im Coaching stelle. Warum eine Führungsposition? Weil du deine Ideen durchsetzen willst? Visionen zu haben ist okay. Ideen und Meinungen durchzusetzen nicht. Ein Unterschied, der nicht so leicht zu fassen ist. Einfach erklärt: Menschen folgen Menschen mit Visionen freiwillig. Menschen mit Meinungen und Ideen brauchen Macht, damit Menschen ihnen folgen. Noch mal die Frage: Wozu brauchst du Macht?

3. Und da ist es wieder: das Vorbild. Suche dir ein Vorbild. Für mich gibt es viele Vorbilder in dieser Hinsicht. Barack Obama ist sicherlich eines. Und Bodo Janssen, der Geschäftsführer von Upstalsboom. Seine Geschichte ist die Geschichte eines zahlengetriebenen Unternehmers, der zu einem Leader wird, der Menschen inspiriert und in puncto Unternehmensführung ganz neue Wege geht. Google mal »Der Upstalsboom Weg«.

7 Selbstreflexion

Ich denke, also bin ich

Arschlochfaktor:
Denken ist nichts für Anfänger

Im Prinzip ist es doch so: Arschlöchern mangelt es ganz offensichtlich an Selbstreflexion. Klar, denn würden sie sich selbst reflektieren, müssten sie ja darauf kommen, dass sie nicht ganz sauber unterwegs sind … Leider ist es nicht so einfach, wie es auf den ersten Blick scheint. Denn fast alle Menschen reflektieren sich selbst. Auch vermeintliche Arschlöcher. Die Kunst ist allerdings, dabei den Bezug zur Realität nicht zu sehr zu verlieren.

Es ist schon ein paar Jahre her, da wollte ein Vertriebsleiter eines meiner Seminare testen, er wollte sehen, ob es sich für seine Mannschaft eignet. Das ist nichts Ungewöhnliches, da es sich um ein Team von über 500 Mitarbeitern handelte und eine entsprechende hohe Investition für das Unternehmen damit verbunden war.

Vermutlich hätte ich schon hellhörig werden können, als der Vertriebsleiter zu mir sagte: »Dann wollen wir doch mal sehen, ob du meine Mannschaft einnorden kannst.« Aber ich fand ihn am Anfang gar nicht so unsympathisch, erst nach und nach mutierte er zum Horrorteilnehmer. Er torpedierte sämtliche Übungen und versuchte, die Gruppe systematisch gegen mich aufzubringen. Zum Glück ist es ihm nicht gelungen, und das Seminar ging noch ganz gut über die Bühne. Ich war anschließend fertig mit Jack und Büx und musste ein paar Supervisionseinheiten bei meinem Mentor machen, um mich wieder aufzubauen. Dabei wurde mir auf einmal bewusst, dass ich es zum ersten Mal in meinem Leben mit einem echten Psychopathen zu tun hatte. Keinem Massenmörder, aber einem, der sprichwörtlich über Leichen geht. Natürlich hatte der Mann überhaupt kein Interesse daran, die Seminarübungen, die allesamt auf Selbstreflexion ausgelegt waren, mitzumachen. Er meinte, er bräuchte die Übungen nicht, da er mit sich ja schon im Reinen sei. Das war sicher eine unbewusste Ausrede, um nicht mit unbequemen Wahrheiten konfrontiert zu werden.

Den Auftrag seiner Firma habe ich später abgelehnt, da die Übungen so modifiziert werden sollten, dass sie zu den Zielen dieses Mannes passten. Mit anderen Worten: Ich sollte seine Leute gezielt manipulieren. Ich habe ihn gefragt, ob das tatsächlich das Ziel sei – und er hat meine Frage, ohne mit der Wimper zu zucken, bejaht. Er hatte keinerlei Probleme damit und fand sich auch superselbstreflektiert. Leider hatte er vollkommen den Bezug zur Realität verloren, ohne es zu merken. Seine Selbstreflexionsparameter drehten sich eben nur um ihn und seinen eigenen Erfolg. Daran gemessen war er ja auch sehr erfolgreich. Gemessen an Parametern, die einen wirklich guten Chef ausmachen, war er ziemlich weit unten auf der Skala. Es ist eben immer die Frage, welche Parameter man zur Selbstreflexion heranzieht.

Ein weiteres Beispiel ist mir ebenfalls bei einem meiner Seminare »über den Weg gelaufen«. Diesmal war es ein ganz normaler Teilnehmer. Schon bei der ersten Übung stellte er fest, dass er sich bei diesem Seminar selbst infrage stellen müsste.

So weit war er aber zu diesem Zeitpunkt nicht. Also zog sein Unterbewusstsein alle Selbstschutzregister, und er erklärte mir und den anderen schon während der ersten Übung, warum bei ihm alles paletti sei. Dann kam die Frage, ob das Seminar in dieser Form weiterginge, denn dann wäre das nichts für ihn. Außerdem hatte er gerade einen neuen Posten übernommen und richtig viel Stress (Hauptfokus im Seminar war übrigens Stressmanagement), da wäre er im Büro doch besser aufgehoben. Und so brach er das Seminar nach der ersten Übung ab. Alle Teilnehmer befanden nach seinem Abgang, dass er die Übungen wohl ziemlich gut hätte gebrauchen können. Aber man kann halt niemandem Selbstreflexion aufzwingen. Wir müssen auch dazu bereit sein.

Kein Wunder, Selbstreflexion ist anstrengend und manchmal auch unangenehm. Es geht darum, die eigenen Verhaltensweisen auf den Prüfstand zu stellen, zu schauen, ob wir unseren eigenen Werten und unserem Selbstbild gerecht werden. Es braucht keine Raketenwissenschaft, um zu wissen, dass wir dabei nicht immer super wegkommen. Ein liebevoller Blick auf sich selbst ist daher Voraussetzung für eine gesunde Selbstreflexion, die sonst schnell extrem einseitig wird und so nicht zum Ziel führt. Die eine Seite ist die zermürbende Seite, auf der wir alles falsch machen und ein schlechter Mensch sind. Die andere Seite ist die Seite, in der wir Superman und Jesus in einer Person sind. Auch nicht hilfreich.

Arschlöcher driften nicht zwingend zur überpositiven Seite der Skala ab. In der Regel finden sie sich einfach ganz okay und sehen die Notwendigkeit zur Selbstreflexion nicht. Oft steht dann die durchaus berechtigte Frage im Raum: »Merkt der das denn nicht?« Die Antwort darauf ist so ein-

fach wie erschreckend. Sie lautet »Nein«! Sich selbst zu reflektieren heißt nicht unbedingt, das eigene Selbstbild infrage zu stellen. Viel eher ist das Gegenteil der Fall: Unserer
Psyche geht es darum, durch Selbstreflexion das eigene
Selbstbild zu stabilisieren.[22] Und dabei bedient sie sich eben
einiger Tricks. So fängt unser Gehirn einfach die Informationen ab, die unser Selbstbild allzu sehr infrage stellen.
Zusätzlich legt es uns Argumente auf den Schirm, die an-
strengende Informationen wegargumentieren können. Unser Selbstbild oder Selbstkonzept ist leider nicht primär
dazu da, dass wir tatsächlich bessere Menschen werden. Es
hat im Prinzip zwei Hauptfunktionen: Erstens sorgt es dafür,
dass unsere Psyche stabil bleibt und wir nicht verrückt werden. Das klingt dramatisch, und das ist es auch. Denn wir
sind nicht halb so stabil, wie wir es gern wären, und unser
Selbstkonzept sorgt dafür, dass wir es trotzdem sind. Das ist
zugegebenermaßen eine sehr einfache Erklärung, alles andere führt hier aber zu weit.

Zweitens sorgt es für eine schnellere, energiesparende Informationsverarbeitung. Unser Gehirn ist ein Energiespar-
meister. Das hatten wir ja bereits. Und genau aus diesem
Grund ist das Selbstbild praktisch. Denn so kann das Gehirn
in Sekundenbruchteilen Informationen auf relevant und
irrelevant filtern. Wir wissen sofort, ob wir eine These gut
oder doof finden. Da müssen wir gar nicht lange drüber
nachdenken, und genau das spart Energie.

Das klingt alles ziemlich komisch und erweckt den Eindruck, dass wir im Grunde einfach nur gut strukturierte Idioten sind, die nicht wirklich in der Lage sind, einen unab-
hängigen Gedanken zu fassen. Einerseits ist das so, andererseits ist es eben doch nicht so einfach. Wenn es so einfach

wäre, dann hätten IT-Experten das menschliche Gehirn mit allen Funktionen schon längst simulieren können. Die Funktionen unseres Gehirns folgen nämlich keiner mathematischen Logik. Zum Glück, denn dann wären wir in diesem Szenario tatsächlich gut strukturierte Idioten, aber vermutlich nicht in der Lage, uns ernsthaft über diese Tatsache Gedanken zu machen. Sind wir aber … Verrückt, oder? Wer sich vor diesem Hintergrund noch einmal die Frage stellt, warum einige Menschen zur erfolgreichen Selbstreflexion fähig sind und andere nicht, wird vermutlich etwas milder mit Nicht-Selbstreflektierenden umgehen.

Da die meisten Fälle von Selbstreflexion »nur« der Stabilisierung unseres Ichs dienen, stellt sich natürlich die Frage: Welche Form der Selbstreflexion ändert tatsächlich etwas? Leider nicht so wirklich viele, denn eine weitere Funktion des Selbstbilds ist es, den Selbstwert zu erhöhen. Wir wollen uns ja besser und nicht schlechter fühlen. Selbst wenn wir durch eine Veränderungsphase gehen, die etwas ungemütlicher ist, so hat diese doch zum Ziel, dass wir danach glauben, ein besserer Mensch zu sein, und es uns dann wieder besser geht. Kein Mensch startet eine Selbstreflexion mit dem Ziel, sich danach schlechter zu fühlen als vorher.

Arschlochfallen:
Wir mogeln bei der Selbstreflexion

Und genau da ist der sprichwörtliche Hase im Gewürzregal unterwegs: Wir wollen kein Arschloch sein. Sind es aber und merken es nicht. Manchmal merken wir dann doch, dass wir gerade nicht ganz korrekt unterwegs sind, aber hey, wir wollen die Guten sein und nicht zugeben, dass wir auf dem Holzweg sind. Wer das nicht glaubt, der schaue sich einfach mal ganz in Ruhe die Empörung an, die Veganern von Karnivoren entgegenschlägt. Dabei müssen Veganer gar nicht militant sein. Es reicht schon, dass sie etwas tun, was uns im Grunde zur Selbstreflexion zwingt: Sie verzichten vollkommen auf tierische Produkte. Und das Dumme daran: Sie haben prinzipiell die besseren Argumente.

Es ist längst nachgewiesen, dass der moderne Mensch dank synthetisch hergestelltem Vitamin B_{12} völlig gesund ohne tierische Lebensmittel leben kann. Hinzu kommt, dass unser exzessiver Fleischkonsum nachweislich das Klima belastet. Von den Schwierigkeiten einer tierwürdigen Tierhaltung mal ganz abgesehen … Die Argumente für eine vegane Ernährung sind verdammt gut. Die für das Fleischessen sind dünn und in vielen Fällen sogar ziemlich doof, lecker ist leider kein haltbares Argument. Also, was tun wir? Wir machen uns lustig und werten die Grasfresser ab.

Ich schreibe übrigens ausdrücklich »wir«, weil ich mich da nicht ausnehme. Ich kann auch sehr herzlich über Witze wie »Was ist die indianische Übersetzung für vegan? Zu doof zum Jagen« lachen. Und ich esse tierische Produkte und auch sehr gern Fleisch. Aber ich weiß, dass es im Prinzip mit meinen Werten, meinem Verständnis für Umweltschutz und meiner Tierliebe nicht vereinbar ist. Eine Selbsterkenntnis, die mir nicht leichtfällt, denn ich scheitere fast täglich an den Konsequenzen. Das ist nicht schön, und ich merke, wie sehr es mich immer wieder anstrengt. Obwohl ich schon sehr konsequent nur noch dort einkaufe, wo ich weiß, dass die Tiere gut gehalten werden, und durch den damit verbundenen höheren Preis den Konsum an tierischen Produkten enorm einschränke, so finden sich doch viel zu oft noch Käse und Salami vom Discounter ohne Herkunftssicherheit im Kühlschrank.

Ausblenden, um nicht total verrückt zu werden, ist in dieser Hinsicht noch unsere Familientaktik. Diese haben wir inzwischen durch Selbstbestätigung verfeinert. Noch so eine Selbstbilderhaltungsstrategie. Wir suchen uns Gleichgesinnte, die genauso gut sind wie wir. Wichtig ist, dass sie nicht besser sind. In meinem Beispiel also keine Veganer. Vegetarier würden vielleicht noch gehen, aber nur, wenn sie ihren Käse und ihre Eier auch immer mal wieder beim Aldi einkaufen. Mit dieser Strategie haben wir schon mal eine soziale Gruppe gefunden, in der wir nicht der Arsch sind. Sehr wichtig für das eigene Selbstbild. Und dann bestätigen wir uns innerhalb der Gruppe gegenseitig, dass wir das ja alles schon ganz richtig machen und dass wir auf einem guten Weg sind. Die anderen sind Tierschutz-Nazis und Öko-Pippis (so wurde die Öko-Aktivistin Greta Thunberg von verschiedenen großen Zeitungen in Deutschland bezeichnet, als klar wurde, dass das Mädel ganz schön unbequem ist). So mogeln wir uns an echter Selbstreflexion vorbei. Gemeinsam mit unseren Gleichgesinnten betreiben wir dann Pseudoselbstreflexion. Gegenseitig bestätigen wir uns, dass wir doch superreflektiert sind und absolut alles in unserer Macht Stehende tun, um gute Menschen zu sein. Und unsere Verfehlungen, die zu betrachten bei echter Selbstreflexion echt schmerzhaft wäre, bagatellisieren wir. Wir bestätigen uns gegenseitig, dass wir ja nicht anders können.

In Unternehmen beziehungsweise bei der Arbeit spielen wir das Spiel »Leistungsträger gegen Profifaulenzer«, wenn es darum geht, sich unangenehmen Realitäten zu stellen und mal konstruktive Selbstkritik zu üben.

Wenn der Chef beispielsweise Überstunden anordnet, habe ich dazu vielleicht erst mal keine Lust. Da ich mich aber als verantwortungsbewusste, fleißige Leistungsträgerin wahrnehme, habe ich jetzt natürlich ein Rechtfertigungsproblem. Denn ich müsste nun, ohne zu murren, Überstunden machen. Gut, dass mein Gehirn auf solche Konflikte vorbereitet ist, denn es hat ja schon öfter beobachtet, dass der Chef nicht der Tollste unter der Sonne ist. Er ist eben doch ein Ausbeuter oder ein Weichei, das zu den Kunden oder seinen Chefs nicht »Nein« sagen kann. Und es kommt noch besser: In der Kaffeeküche finde ich Gleichgesinnte. Auch alles verantwortungsbewusste, fleißige Leistungsträger, die mit mir einer Meinung sind, dass es irgendwann auch mal genug ist und der Chef sich endlich mal ein Rückgrat wachsen lassen sollte. Währenddessen regt man sich in der Führungsetage über die Mitarbeiter auf, die offensichtlich nicht zum Mitdenken geboren wurden und die außer freizeitorientierter Schonhaltung nicht viel auf dem Kasten haben. Alle Selbstbilder sind gerettet, und alle sind trotzdem irgendwie unzufrieden. Von echter Selbstreflexion keine Spur. Was also tun?

Arschlochbremsen:
Weniger ist mehr

Wir wollen immer perfekt sein, das funktioniert in unserer komplexen Gesellschaft aber kaum. Jede Entscheidung für etwas ist gleichzeitig eine Entscheidung gegen etwas. Alles immer ethisch korrekt, nachhaltig und zu 100 Prozent richtig zu machen, ist so gut wie unmöglich. Kein Wunder, dass wir bei der Selbstreflexion mogeln, um nicht völlig zu verzweifeln. Aber müssen es denn immer 100 Prozent sein? Wie wäre es denn mal mit »Fuck perfection«? Das bedeutet nicht, es nicht zu versuchen. Es bedeutet, mit jedem Schritt in die richtige Richtung zufrieden zu sein.

Kommen wir noch mal zurück zu meinem Kühlschrank, in den sich immer mal wieder Gouda von Aldi oder eine Salami von Lidl verirren. Manchmal gelingt es mir noch ganz erfolgreich, das schlechte Gewissen zu verdrängen und unsere immerhin selbst gemachte Pizza mit Discounterkäse zu überbacken. Aber diese Gelegenheiten werden immer seltener. Denn ich lasse mein schlechtes Gewissen zu, ohne mich dabei abzuwerten. Dabei ist aktuell mein Motto: Ich habe nichts gegen den Tod, ich habe etwas gegen ein schlechtes Leben. Dabei kämpfe ich nicht nur gegen mein schlechtes Gewissen, sondern auch mit dem Familienfrieden, denn meine Jungs lieben Salami und sind verdrängungstaktisch noch etwas geschickter als ich. Wir sind auf jeden Fall schon ein ganzes Stück weitergekommen, und genau hier wird ein Schuh draus: Das Ziel nicht aus den Augen zu verlieren und gleichzeitig mit jedem kleinen Teilerfolg zufrieden zu sein. Das lässt sich mit Selbstbild und Gewissen prima vereinbaren. Und auch unser Energiesparfuchsgehirn kann damit prima leben.

Es ist die Weisheit der kleinen Schritte. Jeder winzige Schritt zum Ideal ist super. Um beim Beispiel des Veganismus zu bleiben: Ich weiß zurzeit tatsächlich nicht genau, ob ich wirklich vegan leben will. Aber ich weiß, dass es zumindest in die Richtung geht. Gerade gefällt mir das Modell »Drei Tage pro Woche vegan, drei Tage pro Woche vegetarisch und ein Tag die Woche ›alles‹ sehr gut. Ich halte es zwar noch nicht ganz ein, aber ich arbeite daran. Und das ist das, was für mich zählt. Erstaunlicherweise habe ich, seit ich den Schritt der Selbsterkenntnis einmal gemacht habe, keine Lust mehr, mich selbst weiter hinters Licht zu führen. Es fällt mir inzwischen leichter, mir meine Verfehlungen einzugestehen und darüber nachzudenken, wie ich beim nächsten Mal besser werde. Mir hilft ein liebevoller Blick auf meine eigenen Unzulänglichkeiten. Oder, um es mit Tim Bendzko zu sagen, »Ich bin ein Mensch, mit all meinen Fehlern, meiner Wut und der Euphorie. Bin keine Maschine, ich leb von Luft und Fantasie!« Perfektion ist eine Chimäre, die uns an uns selbst verzweifeln lässt. Also: Ein paar Schwächen dürfen wir uns durchaus leisten. Denn solange wir immer wieder nach dem Ideal streben, ist alles prima.

Kein Arschloch zu sein setzt voraus, dass wir einen liebevollen Umgang mit uns selbst pflegen. Wer sich selbst für einen Trottel hält, der nichts auf die Reihe kriegt, wird es verständlicherweise schwerer haben, andere mit Nachsicht und Geduld zu behandeln. Die Kunst, kein Arschloch zu sein, erwächst meiner Ansicht nach aus ruhiger Gelassenheit und einem liebevoll nachsichtigen Blick auf sich selbst. Denn wie oft stören wir uns an Fehlern anderer Personen, weil wir sie bei uns selbst nicht leiden können?

Natürlich wollen wir alle die Guten sein. Und ich glaube, dass jeder, der dieses Buch liest, dazugehört, aber gut zu sein ist auch immer mit inneren Konflikten verbunden. In unserer komplexen, globalisierten Welt ist es schwer bis fast unmöglich, kein Arschloch zu sein. Damit zuerst einmal seinen

Frieden zu machen und dann sein Bestes zu tun, das ist die Kunst. Dazu braucht es einen liebevollen Blick auf sich selbst und im zweiten Schritt einen liebevollen Blick auf die Mitmenschen. Auch das größte Arschloch will im Grunde ein guter Mensch sein, scheitert aber vielleicht etwas öfter als andere.

Drei Tipps, um kein unreflektiertes Arschloch zu sein

1. In dem Moment, in dem der Rechtfertigungsreflex einsetzt, wo wir anfangen, uns zu rechtfertigen, setzt die Selbstreflexion aus. Damit ist die einfachste Methode, den richtigen Zeitpunkt zu finden, immer der, wenn wir gute Gründe haben und/oder suchen, warum, wieso, weshalb wir uns jetzt so verhalten und nicht anders. Die Kunst ist, die guten Gründe von den Rechtfertigungsgründen zu unterscheiden. Ich gebe zu, das gelingt mir auch mal mehr und mal weniger gut. Dranbleiben ist die Devise und, das Ziel nicht aus den Augen zu verlieren. Das Ziel ist ja nicht, kein Arschloch zu sein, sondern ein besserer Mensch zu werden. Für mich ist das ein Unterschied. Wobei ich auch immer wieder froh bin, wenn ich es schaffe, einfach nur kein Arschloch zu sein.

2. Ein liebevoller Blick auf sich selbst hilft. Wer sich in Selbstreflexion übt und dabei überkritisch mit sich selbst ist, der mutiert auch schnell zum Arschloch. Denn er wird an sich und andere Maßstäbe anlegen, die niemand erfüllen kann. In dem Moment wird man zum unangenehmen Zeitgenossen. Es geht eben nicht darum, per-

fekt zu sein, sondern danach zu streben und maximalen Spaß auf dem Weg zu haben. Wir glauben immer, dass Verbesserung anstrengend ist. Ist sie auch oft. Das muss aber nicht sein. Wer immer wieder neugierig ausprobiert, welchen Weg er gehen kann, und mit Entdeckerfreude neue Verhaltensweisen ausprobiert, hat es wesentlich leichter als Besitzstandswahrer und Gewohnheitsvertei- diger.

3. Suche dir nicht nur ein Vorbild, suche dir viele! Für jeden Lebensbereich, den du ändern möchtest, suchst du dir ein Vorbild. Greta Thunberg bietet sich in Sachen Umweltschutz an. Im Bereich verständnisvoller Umgang miteinander ist Gandhi für mich immer noch ganz weit vorn. Aber auch Filmcharaktere eignen sich prima. Eine meiner Lieblingsfilmfiguren ist Sam aus dem Film »Ich bin Sam«. Ein geistig behinderter Mann, der seine Pro- bleme auf beeindruckende Weise angeht.

8 Moral
Das Regelwerk ohne feste Regeln

Arschlochfaktor:
Wenn die Kompassnadel fehlt

Mit der Moral ist das so eine Sache. Was ist moralisch richtig und was nicht? Und vor allem, was ist überhaupt Moral? Das Google-Wörterbuch spuckt als Erstes folgende Erklärung aus: »Gesamtheit von ethisch-sittlichen Normen, Grundsätzen, Werten, die das zwischenmenschliche Verhalten einer Gesellschaft regulieren, die von ihr als verbindlich akzeptiert werden.« Damit ist Moral zwar der regulierende Faktor des zwischenmenschlichen Miteinanders, eine feste Größe ist sie jedoch nicht. Und genau hier wird es kniffelig. Wir glauben, dass Moral eine feste Größe ist, das ist sie aber nicht. Sie scheint es nur zu sein.

Grundsätzlich glauben wir, dass unsere eigene Moral auf einem festen, unerschütterlichen Fundament steht. Das ist auch gut so, denn bewusst andauernd mit moralischen Dilemmata konfrontiert zu werden ist nicht nur unglaublich anstrengend, es würde uns vermutlich hochgradig depressiv machen. Denn wir würden uns täglich nicht nur selbst reflektieren müssen, wir müssten wahrscheinlich auch noch täglich einsehen, dass wir mehr Arschloch als Engel sind. Wo das hinführen würde, möchte ich gar nicht wissen.

Erstaunlicherweise fallen uns moralisch einwandfreie Entscheidungen oft leichter, wenn sie von außen klar geregelt sind. Ob es sich dabei um einen selbst auferlegten Verhaltenskodex handelt oder einen Gesetzestext, ist dabei völlig unerheblich. Wichtig scheint zu sein, dass einmal klar ausgesprochen wird, was moralisch richtig ist und was nicht.

Moral wandelt sich und wird vom gesellschaftlichen Zeitgeist bestimmt. Dinge, die noch vor hundert Jahren vollkommen selbstverständlich waren, wären heute nicht nur nicht mehr zeitgemäß, sie wären auch moralisch nicht mehr tragbar. Wer vor hundert Jahren ein Kind zu erzieherischen Zwecken schlug, war ein guter Mensch. Selbst Lehrern war es gestattet, Kinder zu schlagen. Heute undenkbar und moralisch alles andere als einwandfrei. Frauen waren nach allgemeiner Auffassung nicht in der Lage, sich an politischen Diskussionen zu beteiligen, und damit selbstverständlich von Wahlen ausgeschlossen. Heute haben wir seit Jahren eine Bundeskanzlerin, und Frauen dürfen so selbstverständlich wählen, als wäre es nie anders gewesen – zumindest in Europa und einigen anderen Staaten.

Moral hat also etwas mit Zeitgeist und Weiterentwicklung zu tun. Aber auch mit der jeweiligen Situation, in der wir uns just in diesem Moment befinden, und auch etwas mit Wohlstand. Wer satt ist und ein Dach über dem Kopf hat, kann sich über andere Fragen der Moral Gedanken machen als jemand, der um diese Dinge kämpfen muss. So sind Tierschutz und Tierwohl auch immer eine Frage von Wohlstand. Unsere Urgroßeltern stellten sich in der Regel die Frage nach dem Tierschutz überhaupt nicht. Und es ist noch nicht so lange her, da haben viele Frauen in Deutschland noch ganz selbstverständlich Pelz getragen. Heute moralisch keinesfalls mehr einwandfrei.

Auch wenn wir glauben, einen gut eingestellten moralischen Kompass zu haben, so gilt leider oft, dass der Geist willig, aber das Fleisch schwach ist. Uli Hoeneß hatte sicherlich zu Zeiten seines Steuerbetrugs auch einen moralisch einwandfreien Kompass … Der Kompass allein genügt ganz offensichtlich nicht. Und das Blöde ist, auch hier kommt uns unsere Natur immer wieder in die Quere. Wir sind einerseits gut, andererseits eben auch nicht. Erschreckend eindrucksvoll hat dies Philip Zimbardo mit seinem »Stanford Prison Experiment« bewiesen. Zimbardo baute im Keller seiner Universität ein Gefängnis nach. Ein Teil seiner Probanden wurden Gefangene und ein Teil Wärter. Dabei handelte es sich um ganz normale Menschen wie du und ich. In kürzester Zeit mutierten die Wärter zu Sadisten, und zwar derart, dass Zimbardo das Experiment nach fünf Tagen abbrach, obwohl es für zwei Wochen angesetzt war. Die Moral der Probanden ging ziemlich schnell flöten, als sie auf ein Umfeld trafen, in dem es offensichtlich geduldet war, sich unmoralisch zu verhalten. Und als sich die anderen Wärter mehr oder weniger genauso verhielten oder zumindest nicht intervenierten, schien der eigene Moralverlust keiner mehr zu sein. Frei nach dem Motto: Wenn keiner was sagt, wird es schon okay sein. Die Qualität der Moral hängt also ein Stück weit von der Umgebung ab, in der wir uns bewegen. Oder von den Hierarchien, denen wir verpflichtet sind.

Wenn Hierarchien ins Spiel kommen, dann werfen die meisten Menschen ihre Moral über Bord beziehungsweise geben sie an die höhere Hierarchiestufe ab. Stanley Milgram hat dies in den 60er-Jahren eindrucksvoll nachgewiesen. Er wollte wissen, ob Menschen zu blindem Gehorsam neigen. Sein Versuchsaufbau war denkbar einfach: Es gab pro Versuch zwei

Teilnehmer, einen Lehrer und einen Schüler. Beide in verschiedenen Räumen, sodass sie sich nur hören, aber nicht sehen konnten. Bei dem Schüler handelte es sich um einen Schauspieler, der in das Experiment eingeweiht war. Bei dem Lehrer um einen ganz normalen Durchschnittsbürger. Dieser hatte die Aufgabe, dem Schüler Fragen zu stellen und ihn für die falsche Antwort mit einem Stromstoß zu bestrafen. Mit jeder falschen Antwort sollte er die Voltzahl erhöhen. Obwohl viele Lehrer während des Experiments verzweifelten und dem Nervenzusammenbruch nahe waren, denn die Schüler – die natürlich keinen Stromstoß bekamen, sondern nur schauspielerten – litten ganz offensichtlich Höllenqualen, brachen doch nur verschwindend wenige das Experiment ab. Der weitaus größte Teil der Lehrer zog das Experiment durch und gab dem Druck der Versuchsleiterautorität nach.

Mit anderen Worten: Ein Arschlochfaktor schlummert in uns, wenn wir unter Stress geraten. Dazu zählen Zeitdruck, eine Situation, die wir so nicht haben kommen sehen, und eine Autorität, die uns Anweisungen erteilt. Allerdings sind wir nicht einfach so Arschlöcher. Niemand jagt einem unschuldigen Schüler beim ersten Fehler eine tödliche Voltdosis in den Körper. Hier kommt wieder das Phänomen der »shifting baselines« ins Spiel, das langsame Verschieben von Grenzen.

In Milgrams Experiment kann man sehr gut feststellen, dass der Zeitraum gar nicht so lang sein muss, um Grenzen zu verschieben. Das funktioniert tatsächlich schon innerhalb von zwei Stunden. Übrigens waren alle Probanden des Milgram-Experiments im Nachhinein mit der Veröffentlichung einverstanden. Obwohl sie über sich selbst entsetzt und beschämt waren, waren die Versuchsteilnehmer der

Ansicht, dass die Öffentlichkeit über diesen Mechanismus der menschlichen Psyche aufgeklärt werden müsse.[23] Das finde ich einen großartigen Zug. Denn es ist schon schwer genug, sich einzugestehen, dass man tatsächlich unter Druck Dinge tut, die man sich nicht hätte träumen lassen. Dann dazu zu stehen, ist aller Ehren wert. Einsicht ist wie immer der erste Schritt zur Besserung.

Dass wir Grenzen kontext- beziehungsweise gewohnheits-bezogen verschieben können, ist zunächst einmal nichts Schlechtes. Im Gegenteil, es ist ein großer Bestandteil unserer Anpassungsfähigkeit. Die wiederum ist, abgesehen von der Erfolgskombination Gehirn und Hände, einer der Faktoren, warum die Menschheit eine so erfolgreiche Spezies ist. Unsere Psyche kann sich an viele Extremsituationen anpassen. Und mit ihr auch unser moralischer Kompass. Je nachdem, in welcher Situation wir uns gerade befinden, ist dieser Kompass geeicht.

Arschlochfallen:
Von unsichtbaren Grenzen

Eine ziemlich lange Zeit meiner zurückliegenden beruflichen Karriere habe ich in der Finanzdienstleistung verbracht. Einen Teil davon als Krisenmanagerin. Ich habe Finanzanlagen abgewickelt, deren Kapital zum einen Teil von Anlegern und zum anderen Teil von Banken finanziert war. Da es sich bei den Anlagen um unternehmerische Beteiligungen handelte, war jeder Anleger quasi Miteigentümer eines Unternehmens. Solange der Laden lief: kein Problem, und es gab hohe Renditen. Aber nach der Finanzkrise 2008 lief der Laden eben nicht mehr. Und in einem Unternehmen stehen die Unternehmer für Außenstände gerade. Dieses Prinzip hatten die wenigsten Anleger verstanden und fühlten sich von den Banken über den Tisch gezogen. Und das oft zu Recht. Der Begriff »AD-Kunden« machte zu der Zeit die Runde. Wobei »AD« für alt und dumm stand …

Als diese ganzen Dinge ans Licht kamen, habe ich noch eine Weile im Krisenmanagement gearbeitet, bin dann aber ausgestiegen. Meine Rechtfertigung, dort zu arbeiten, war immer, dass jeder diese Finanzprodukte begreifen kann und für sich selbst verantwortlich ist. Als ich aber darüber nachdachte, wie es gewesen wäre, wenn jemand auch meiner Oma gezielt so ein Produkt verkauft hätte, gingen meine Rechtfertigungsstrategien nicht mehr auf. Dass wir uns nicht falsch verstehen: Ich habe überhaupt nichts gegen geschlossene Fonds (die beschriebenen Anlageprodukte). Ich halte sie nach wir vor für gute Anlageprodukte. Aber nur für Menschen, die sich der Risiken bewusst sind und genau verstehen, in was sie da investieren.

Jetzt kann man sich natürlich zu Recht fragen, ob ich und meine Kollegen alles schlechte, gierige Menschen waren. Nein, natürlich nicht. Viele Dinge, die am Anfang gut sind, geraten aus dem Ruder. Ein Skalpell ist auch keine Mordwaffe in der Hand eines Chirurgen. Aber in den falschen Händen eben schon. Die Frage ist: Wann fängt der Skalpellhersteller an, Skalpelle an die falschen Leute zu verkaufen? Und ist das überhaupt seine Verantwortung? Eine Frage, die die Waffenindustrie täglich verneint … Das ist zugegebenermaßen schon sehr schwarz-weiß gemalt. Etwas mehr Graubereich finden wir in allen anderen Industrien, die ebenfalls immer mal wieder in Erklärungsnöte geraten. Was ist mit

Smartphones und seltenen Erden? Was ist mit allen Dingen, die batteriebetrieben sind? Was ist mit dem Hähnchen vom Imbiss für unter fünf Euro? Und was ist mit dem coolen SUV? Letztendlich haben wir alle einen moralischen Kompass und wissen im Grunde ganz gut, was geht und was nicht. Allerdings ist es überhaupt keine Schande, nicht alle zwei Minuten auf den moralischen Kompass zu schauen. Einfach, um nicht verrückt zu werden.

Vor und während der Finanz- und Wirtschaftskrise haben einige Bankbereiche ihren moralischen Kompass leider komplett über Bord geworfen. Die Frage nach der Verantwortung dafür ist schwer zu beantworten. Ich glaube, es gibt keinen alleinigen Verantwortlichen. Ich glaube, dass viele Phänomene in diesem Fall gegriffen haben: shifting baselines ebenso wie der Wille, sich einer Autorität unterzuordnen. Und die Rechtfertigungstendenz kommt auch noch dazu. Bei mir war es so. Ich habe am Anfang gar nicht gemerkt, dass die Produkte nichts für den Otto Normalverbraucher sind, als wir sie entwickelt haben. Ich war fasziniert von den Möglichkeiten und von der Idee, Kleinanleger am Großkapital zu beteiligen. Und so verschoben sich langsam meine Grenzen. Am Anfang wollten wir die tolle Idee noch retten, bis auch wir nicht mehr drum herumkamen, dass wir nur noch das Restkapital für die Banken sichern sollten. Da war für mich dann Schluss. Das war nicht das, wofür ich am Anfang mal angetreten war.

Es sind nicht immer die moralisch schlechten Dinge, die uns zum Arschloch werden lassen. Eine der fiesesten Fallen ist, wenn man an etwas glaubt, seine eigenen Grenzen langsam verschiebt und irgendwann merkt, dass man seinen moralischen Kompass schon lange verloren hat.

Arschlochbremsen:
Die einzigartige Fähigkeit zur Moral

Wenn wir uns aber nun unsere Moral so einfach abgewöhnen können, wozu ist sie dann gut? Na ja, die Frage ist wohl etwas extrem, denn hätten wir keine Moral, dann wären wir so unterwegs wie unsere nächsten Verwandten, die Affen. Wir wären dann immer noch recht soziale Tiere, aber das wär's auch schon. Wir wären nicht in der Lage, in großen Verbänden miteinander zu kooperieren, und auch nicht, uns gegenseitig zu unterstützen, obwohl wir nicht derselben Familie angehören. Tatsächlich können Menschen das. Und noch besser: Sie tun es. Es gibt sogar ganze Berufszweige, die nichts anderes tun. Ja, diese Menschen bekommen Geld dafür, aber wenn ich mir die Durchschnittsgehälter von Pflegern, Krankenschwestern und selbst Stationsärzten im Krankenhaus so anschaue, dann bin ich mir hundertprozentig sicher, dass Geld nicht der entscheidende Faktor sein kann. Menschen, die in der dritten Welt helfen oder hier in Deutschland eine Tafel organisieren. Menschen, die ehrenamtlich Sterbehilfe leisten oder mitten in der Nacht aus dem Bett springen und zu einem Einsatz der freiwilligen Feuerwehr eilen, obwohl sie um sieben Uhr wieder aufstehen und zur Arbeit müssen. Menschen, die Kindern aus benachteiligten Elternhäusern vorlesen, und Menschen, die einsame Menschen in Altenheimen besuchen … Die Liste ist endlos! Wenn das nicht großartig ist, dann weiß ich auch nicht.

Wir sind hochsoziale Wesen. Auch wenn es manchmal nicht den Anschein hat und auch, wenn wir das manchmal vergessen. Vor allem, wenn wir dem Drang nachgeben, immer genau in die Ecken zu schauen, in denen wir noch nicht so grandios unterwegs sind. Ein klassischer Urteilsfehler. In diesem Fall ist es der confirmation bias, auch Bestätigungstendenz genannt.[24] Wir suchen und finden immer nur die Informationen, die zu unserer bereits gefassten Meinung und/oder Verhaltensweise passen. Der klassische Fehler aller Verschwörungstheorien. Nur die Fakten zu sammeln, die zur eigenen Theorie passen. Fakten, die nicht dazu passen, werden entweder passend zur Theorie erklärt oder als nicht relevant abgetan. Um eine Verschwörungstheorie auf ihre Haltbarkeit zu überprüfen, ist die umgekehrte Vorgehensweise sinnvoll. Alle Fakten und Argumente zu suchen, die gegen die Verschwörungstheorie sprechen. So funktioniert unser Gehirn aber nicht – es ist von Natur aus ein Verschwörungstheoretiker. Es stürzt sich mit Begeisterung auf alles, was seine Vorannahmen bestätigt. Die Wissenschaft weiß das schon lange: Der Beobachter bestimmt das Beobachtete.

Ähnlich funktionieren Nachrichten im Fernsehen und in Zeitungen: Bad news are good news … Schlechte Nachrichten sind gute Nachrichten. Nicht nur für die Medien, auch für die Konsumenten der Nachrichten. Denn wir konsumieren nun mal eher schlechte Nachrichten als gute. Dass beispielsweise die Anzahl der Kriminalfälle in jedem Jahr sinkt, ist eine super Nachricht. Trotzdem haben wir das Gefühl, dass wir in zunehmend unsicheren Zeiten leben. Ein Faktor dafür sind natürlich die Nachrichten. Wir hören und sehen ständig Berichte über Kriminalfälle und Katastrophen. Aber mal ehrlich: Von wie vielen sind wir tatsächlich direkt betroffen? Ich kann für mich behaupten, dass es in den letzten Jahren kein einziger war … Was hat das mit unserer Moral zu tun? Viel, denn Moral ist auch ein Stück weit kontextabhängig. Wer sich auf die Suche nach guten Nachrichten macht, der bekommt ein positiveres Weltbild, und ein positiveres Weltbild hebt die Moral und den Glauben an das Gute.

Vielleicht hilft in diesem Zusammenhang ein Blick auf die Wortherkunft, um deutlich zu machen, dass Kontext und Moral zusammengehören. Das Wort »Moral« stammt vom lateinischen Wort »moralis«, das so viel bedeutet wie »die Sitten betreffend«.[25] Morales wiederum ist abgeleitet von lateinisch »mōs« (Genitiv »mōris«), »zur Regel gewordener Wille, auf innerer Gesinnung beruhende, gewohnheitsmäßige Tätigkeit, Sitte, Brauch«. Am interessantesten fand ich bei der Recherche, dass »mōs« auch mit Mut verwandt ist …

Also hat Moral nicht nur etwas mit unseren gesellschaftlichen Gewohnheiten zu tun, sondern auch etwas mit unserer Fähigkeit, mutig zu sein. Wenn ich mir die Finanz- und Wirtschaftskrise so anschaue, dann macht das für mich durchaus Sinn. Wären innerhalb des Finanzsystems nicht andere moralische Vorstellungen entstanden, und wären ein paar Menschen innerhalb dieses Systems mutig genug gewesen, »Nein« zu sagen, dann wäre es vielleicht nicht so weit gekommen.

Ob dieses Szenario wahrscheinlich ist oder nicht, sei einmal dahingestellt. Es dient mir aber durchaus dazu zu begreifen, wie moralisches Handeln entstehen könnte und wie man es in Zukunft besser machen kann. Genau darum geht es doch: in Zukunft den moralischen Kompass nicht hundertmal neu zu justieren und ihn dann – hoppla – kurz über Bord purzeln zu lassen. Moralisch richtig zu handeln ist leicht, solange man es nicht wirklich tun muss. Denn unsere gesamte Persönlichkeitsstruktur ist nicht auf Heldentum ausgelegt. Eckart von Hirschhausen hat mal so schön gesagt, dass wir von den Steinzeitfeiglingen abstammen, denn die Helden haben in der Regel nicht lange genug überlebt, um sich häufig fortzupflanzen.

Keine Frage, wir lieben Helden. Ich auch. Und wir wären lieber Helden als Feiglinge. Ich auch. Wir sind es aber nicht. Dennoch können wir Helden in zweiter Reihe sein. Es ist doch überhaupt nicht schlimm, wenn wir es im ersten Anlauf nicht schaffen, so moralisch einwandfrei zu sein wie … Ja, wie wer denn überhaupt? Gibt es überhaupt moralisch einwandfreie Helden? Wenn ich mir mal so die Superhelden aus den Comicheften meines Sohnes anschaue, dann hadern die alle zwischendurch mit ihrem Schicksal, fluchen, treffen falsche Entscheidungen und zweifeln immer mal wieder. Auch die Helden aus der ersten Reihe sind zutiefst menschlich. Ich für meinen Teil mag die Helden aus der zweiten Reihe. Die immer wieder ihren moralischen Kompass konsultieren, ihn manchmal ignorieren, wegwerfen, um ihn dann wieder einzusammeln und noch mal besser von vorn zu beginnen, ohne daran zu verzweifeln.

Mein Opa war so ein Held. In der Zeit des NS-Regimes war mein Opa SPD-Parteimitglied und weigerte sich, sein Parteibuch abzugeben. Er stand zu seiner Meinung. Koste es, was es wolle. Später hat mir meine Oma erzählt, dass Opa kein Held war. Opa war nur ein sturer Hund, der zu spät gemerkt hat, dass er sich und seine Familie durch seine Einstellung in Gefahr bringt. Also hat er sein Parteibuch doch noch abgegeben, und er und seine Familie haben den Kopf eingezogen. Ich finde das heldenhaft, denn es ist zum einen heldenhaft, seine Einstellung zu verteidigen, und zum anderen ist es heldenhaft, für seine Familie einzustehen. Auch wenn es nicht der eigenen Einstellung entspricht. Noch heldenhafter fand ich, dass mein Opa dazu gestanden hat. Er hat das Ganze nicht schöngeredet. Moral ist eben immer kontextabhängig. Was nützt die schönste Moral, wenn man dem Gras nur noch von unten beim Wachsen zuschauen kann?

Es ist nicht verwerflich, wenn man nicht zu jeder Tages- und Nachtzeit moralisch einwandfrei handelt. Ich bin mir sicher, selbst der Papst und der Dalai Lama denken nicht immer hundertprozentig korrekt. Wichtig ist, sich darüber klar zu sein und von Zeit zu Zeit eine Kurskorrektur vorzunehmen. Das Bild mit dem moralischen Kompass gefällt mir übrigens immer besser, denn im Prinzip ist es genau wie bei der Nutzung eines Kompasses. Wir setzen einen Kurs und folgen ihm. Wenn wir aber auf regelmäßige Kurskorrekturen verzichten, dann landen wir am Ende nicht da, wo wir hinwollten. Daher gilt es auf Reisen wie in Bezug auf die eigene Moral, immer mal wieder zu schauen, ob man noch auf dem richtigen Weg ist.

Drei Tipps, um kein unmoralisches Arschloch zu sein

1. Mache dir klar, nach was für einem Wertesystem du lebst. Welche Verhaltensweisen passen zu diesem System? Auf diese Verhaltensweisen richtest du deinen moralischen Kompass aus. Das bedeutet nicht, dass du dich sofort perfekt so zu verhalten hast. Es bedeutet, dass diese Verhaltensweisen dein Nordstern sind. Da soll deine Reise hingehen. Am besten funktioniert das Ganze übrigens,

wenn du dir tatsächlich ein paar Minuten Zeit nimmst, um alles aufzuschreiben. So kannst du zwischendurch immer wieder überprüfen, ob du noch auf dem richtigen Kurs bist.

2. Der Weg ist das Ziel. Es geht nicht darum, der perfekte Moralapostel zu werden. Es geht darum, die eigenen Werte und Moralvorstellungen so gut es geht zu leben. Sich ihnen anzunähern und Freude bei der Umsetzung zu haben. Auch hier hilft es, sich die kleinen und großen Erfolge aufzuschreiben. Wie bei einem Glückstagebuch kannst du dir jeden Tag aufschreiben, wie du Kurs gehalten oder deinen Kurs korrigiert hast. Sich das alles nach ein, zwei oder drei Jahren noch mal durchzulesen zeigt, welche enormen Fortschritte wir in dieser Zeit gemacht haben. Und durch das Aufschreiben merken wir es sogar!

3. Womit wir wieder beim Vorbild sind. Ich finde alle Menschen super, die ihre moralischen Verfehlungen unumwunden zugeben und sie nicht kleinreden. Jeder Mensch hat für seine Verfehlungen gute Gründe, keine Frage. Und es ist wahnsinnig schwer, unsere ganzen Psychohygienefaktoren beiseitezuschieben und an sich zu arbeiten. Deshalb nehme ich mal nicht Uli Hoeneß oder meinen Opa, sondern Christoph Daum und seine Koksgeschichte. Daum, der zuerst seinen Drogenkonsum mit aller Vehemenz leugnete, dann aber doch überführt wurde. Was mir daran gefällt, ist, dass er heute in der Öffentlichkeit sogar über sich selbst lachen kann. Er lacht darüber, wie dämlich er sich verhalten hat. Ganz großes Kino!

9

Weltoffenheit
Von bornierten Touristen und Schubladendenken

Arschlochfaktor:
Warum wir Schubladen lieben

Natürlich sind wir heutzutage alle Weltbürger. Das versteht sich doch von selbst! Wir sind über Facebook mit Freunden in der ganzen Welt verbunden und wir jetten nach New York zum Christmas Shopping. Wir fliegen nach Mallorca oder Thailand in den Urlaub und wir alle haben auch diesen einen Kollegen oder diese eine Kollegin, die aus Russland, China oder Indien stammt. Wir kaufen beim Türken auf dem Markt unser Obst und essen beim Italiener oder Griechen zu Abend. Wenn das kein Zeichen für Weltoffenheit ist, was dann?

Die Frage ist ziemlich platt, denn die beschriebenen Verhaltensweisen sind nur ein Teil von Weltoffenheit, ein sehr kleiner. Allerdings ist es noch gar nicht so lange her, da waren italienische Restaurants in Deutschland so exotisch wie heute veganes Streetfood von den Lofoten. Da wir uns aber schon an Essen aus aller Welt gewöhnt haben, betrachten wir veganes Streetfood von den Lofoten heute eher mit professioneller Neugier als mit Argwohn. Nicht alle, aber die meisten. Als in den 50er-Jahren die ersten italienischen Restaurants in Deutschland eröffneten, wurden sie zunächst sehr argwöhnisch beäugt. Spaghetti? Was war das denn? Wer sich heute eine alte Folge mit »dem Ekel Alfred« anschaut, kann zwar herzlich über die Borniertheit des Protagonisten lachen, vergisst aber, dass es tatsächlich so war. Die Deutschen haben nicht »Hurra, endlich neue Erfahrungen!« geschrien, sondern erst mal alles Fremde abgelehnt. Ein Schelm, der da Parallelen zur heutigen Einstellung zu afrikanischen Flüchtlingen zieht …

Wir Deutschen sind nicht fremdenfeindlicher als andere Nationen: Jedes Volk, jeder Kulturraum ist fremdenfeindlich. Weltoffenheit ist eine kulturell anerzogene Einstellung. Menschen sind allem Fremden gegenüber skeptisch bis ablehnend eingestellt. Egal, ob im zwischenmenschlichen Bereich oder beim Essen. Beim Essen ist es noch einigermaßen tolerierbar, denn wer will sich schon etwas zwischen die Kiemen schieben, das nicht so gut verträglich oder am Ende giftig ist. Diesen Bogen zu spannen wird niemandem wirklich schwerfallen. Evolutionstechnisch machte es Sinn, sich nicht jeden Kram in den Mund zu stopfen. So weit, so klar. Aber warum finden wir fremde Menschen auch gleich so komisch? Das muss doch nicht sein, oder?

Die Sozialpsychologin Beate Küpper erklärte den Zusammenhang in einem Gespräch mit der *Süddeutschen Zeitung*[26] wie folgt: Wir Menschen kategorisieren unsere Umwelt. Unser Gehirn kann gar nicht anders. Wir kategorisieren auch Menschen anhand von bestimmten Eigenschaften als Mitglieder von Gruppen. Jene, die man diesen Gruppen zuordnet, müssen sich diesen selbst gar nicht zugehörig fühlen. Es reicht, wenn ich selbst glaube, jemand gehört einer Gruppe an. In Deutschland etwa werden Menschen mit schwarzer Hautfarbe häufig noch immer nicht als Deutsche, sondern als Ausländer wahrgenommen. Da können sie hier geboren sein und sich noch so sehr integrieren.

In Kombination mit der bereits beschriebenen Bestätigungstendenz unseres Gehirns ist das eine besonders blöde Mischung. Zusammengefasst heißt es: Unser Gehirn sortiert in Schubladen. Diese Schubladen werden natürlich auch nach Zeitgeist angelegt. Waren es zu Ekel Alfreds Zeiten in der Fünfzigern noch die faulen Itaker, in den Achtziger noch die Kümmeltürken, so sind es heute die terroristischen Muslime … Unser Gehirn arbeitet dabei nach dem Muster: Schublade anlegen und alles, was zum Schubladenetikett passt, hineinstopfen. Dabei ist es zunächst vollkommen unerheblich, ob unser netter muslimischer Nachbar, der uns den Ramadan erklärt hat und am Wochenende zum Grillen kommt, das Schubladenetikett eigentlich Lügen straft. Er ist eben die Ausnahme von der Regel. Obwohl wir gar nicht genug eigene Kontakte haben, um unsere Schubladenannahme zu bestätigen, so haben wir ja doch genug gehört, und wir lesen Zeitung und sehen Nachrichten. Das dürfte ja wohl Bestätigung genug sein … Unserem Gehirn reicht das jedenfalls erst einmal.

Wie absurd diese Form der Hochrechnung ist, zeigt der umgekehrte Fall. Wer die Nachrichten mal einen Monat lang verfolgt, der könnte genauso gut eine Schublade anlegen, die da heißt »Alle männlichen Weißen sind gemeingefährlich«. Warum, brauche ich wohl nicht lange zu erklären. In unseren Breitengraden werden mit Abstand die meisten Straftaten von männlichen Weißen begangen. Mord, Vergewaltigung, gewalttätige Auseinandersetzungen, Diebstahl und Raub … die Liste ist lang. Trotzdem glauben wir nicht automatisch, dass männliche Weiße per se gefährlich sind.

Warum nicht? Weil wir genügend männliche Weiße kennen, die eben nicht kriminell sind. Daher ist das Beispiel für uns völlig absurd. Warum sollte dies bei Muslimen anders sein? Unser Gehirn glaubt das nur, weil es nicht genügend Gegenbeispiele kennt. Aber es gibt sie. Nicht alle der etwa 1,6 Milliarden Muslime dieser Welt sind radikale Terroristen.[27] Genauso wenig, wie alle Deutschen Nazis sind. Wer aber genügend Menschen anderer Nationen kennt und genügend andere Kulturen kennengelernt hat, der weiß: Vorurteile sind eben nur eines, nämlich Vorurteile. Sie haben in der Regel wenig bis gar nichts mit der Realität zu tun. Zumindest nicht in der breiten Masse. Vielleicht ist das aber auch der Grund, warum ausgerechnet in den Bundesländern mit dem geringsten Ausländeranteil die Angst vor Fremden am größten ist.

Arschlochfallen:
Kenn ich nicht, mag ich nicht

Weltoffenheit ist aber nicht nur das Gegenteil von Fremdenfeindlichkeit. Jede Form der Diskriminierung ist alles andere als weltoffen, obwohl Diskriminierung ganz selbstverständlich zu unserem Alltag gehört. Wir glauben, dass Frauen manche Dinge nicht so gut können wie Männer und umgekehrt. Tatsächlich glauben immer noch viele Menschen, dass sich Frauen besser um den Nachwuchs kümmern könnten als Männer. Warum? Weil wir Brüste haben? Oder weil wir die Kinder neun Monate ausgetragen haben? Schwangerschaft wird immer noch unglaublich verklärt. Schwanger zu sein bedeutet natürlich, das Kind hin und wieder zu spüren und mit Hormonen geflutet zu werden. Das ist schon ziemlich prima. Schwanger zu sein bedeutet aber unter anderem auch, sich die Seele aus dem Leib zu kotzen. Klar, das Kuschelhormon Oxytocin, mit dem die Mamas geflutet werden, hilft natürlich, aber Papas haben das auch am Start, wenn ihnen ihr Nachwuchs in den Arm gedrückt wird. Viele Studien weisen heute darauf hin, dass die Rollenverteilung bei Mann und Frau nicht genetisch, sondern kulturell zugewiesen wird.

Viele Dinge, die wir kulturell lernen, sind nicht weltoffen. Dazu gehört auch das Rollenverständnis von Mann und Frau. Von echter Weltoffenheit sind wir noch ein ganzes Stück entfernt. Obwohl man auch sagen muss, dass wir schon viele Fortschritte gemacht haben. Man stelle sich vor: Bis 1994 war homosexuelle Liebe eine Straftat.

Vera F. Birkenbihl, eine der bekanntesten Persönlichkeitsentwicklungstrainerinnen Deutschlands, spricht in diesem Zusammenhang von Memen – Viren des Geistes. Die Idee ist, dass sich ein Gedanke ebenso verbreiten kann wie ein Virus. Er sucht sich einen Wirt – in diesem Fall ein Gehirn –, nistet sich dort ein und verbreitet sich von dort aus weiter. Birkenbihl bringt in ihrem Vortrag »Viren des Geistes« das Beispiel, dass noch rund um das Jahr 1912 über 80 Prozent der Menschen wussten, dass Masturbation krank macht. Um zu testen, ob es sich um ein Meme, also um einen Geistesvirus handelt, hat sie folgenden Testfragebogen entwickelt, mit dem man eine Idee auf negative Ansteckungsgefahr hin untersuchen kann.

1. Halte ich meinen Glauben beziehungsweise das, was ich für richtig halte, für gut, richtig oder wahr?

2. Ist es tugendhaft? Das tut man nicht. Das macht man nicht … Bei »Ja« als Antwort handelt es sich um einen Virus. Bei »Nein« als Antwort = Prima, können wir drüber sprechen.

3. Ist es tabu? Darüber spricht man nicht …

4. Bin ich intolerant? Ärgert mich die These?

Am Beispiel des Themas Masturbation kann man sehr gut feststellen, was gemeint ist. Die These »Masturbation ist okay«, aufgestellt im Jahr 1912. Also stellen wir uns vor, wir würden die These im Jahr 1912 auf ihre negative Ansteckungsgefahr hin untersuchen, um festzustellen, ob wir bereits infiziert sind.

Schon bei der ersten Frage hätten wir gewusst, welche Krankheiten wir uns beim Masturbieren einfangen können, und wir wussten auch, dass wir dadurch dumm werden … Das kann also schon mal nicht okay sein. Es war natürlich tugendhaft, es nicht zu tun. Daher konnte man sich auch nicht darüber austauschen, ob es wirklich krank oder blöd macht. Und deshalb war es tabu. Die vierte Frage brauchte man schon gar nicht mehr zu beantworten, denn drei von vier Antworten weisen schon eindeutig auf einen Virus hin. Weltoffen ist das nicht.

Es ist erschreckend, wie viele gesellschaftlich gelernte Verhaltensweisen und Normen diesem simplen Test nicht standhalten. Wir tun heute zwar oft so, als ob man über alles sprechen könnte. Stimmt aber nicht. Wie steht es beispielsweise mit der Treue in der Partnerschaft? Mit der These, dass wir alle homosexuelle Tendenzen haben? Oder frag mal einen Veganer, warum Veganismus der einzig richtige Ernährungsstil sei … Oder einen Fleischesser … Was das mit

Weltoffenheit zu tun hat? Alles! Solange wir keine vorurteils-freien Diskussionen führen können, ist es mit unserer Weltoffenheit nicht wirklich weit her.

Weit zu reisen hat nicht unbedingt mit Weltoffenheit zu tun. Wie viele Deutsche fahren nach Spanien in den Urlaub und ärgern sich, wenn sie eine Ecke erwischen, in der kein Deutsch gesprochen wird?

»Was ist Reisen? Ein Ortswechsel? Keineswegs! Beim Reisen wechselt man seine Meinungen und Vorurteile«, Ana-tole France. Oder anders: Es geht nicht darum, möglichst vie-le fremde Länder zu bereisen. Es geht darum, die Welt mit anderen Augen zu sehen. Das ist für mich Weltoffenheit. Oder, um es mit Alexander von Humboldt zu sagen, »Die gefährlichste aller Weltanschauungen ist die Weltanschau-ung der Leute, die die Welt nicht angeschaut haben.« Dem ist im Grunde nichts hinzuzufügen. Außer vielleicht noch, dass die meisten Leute, die die Welt anschauen, sie nicht mit neu-gierigem Verstand und offenem Herzen anschauen. Sie tra-gen ihre Sicht der Dinge in andere Länder und wundern sich, dass man dort die Dinge anders sieht. Weltoffenheit be-deutet eben nicht, in andere Länder zu reisen, sondern die Welt immer wieder mit anderen Augen zu sehen.

Arschlochbremsen:
Die Vorteile gesunder Neugier

Um noch einmal auf das Reisen zurückzukommen: Natür-lich hilft reisen, um offener zu werden. Wer allerdings in die Dominikanische Republik reist, um dort 14 Tage am Strand zu liegen, und ein- oder zweimal mit einer geführten Touristengruppe seine hermetisch abgeriegelte All-inclusive-Anlage verlässt, wird nicht zwingend offener. Land und Leute lernen wir nicht in Hotelanlagen kennen. Echte Offenheit fängt dort an, wo man sich eigentlich verschließen möchte …

Apropos Hotelanlage nicht verlassen. Vor etwas mehr als 20 Jahren fuhren mein Mann und ich auf Hochzeitsreise nach Kenia. Wir buchten pauschal mit einem großen Reiseveranstalter. Fünf Sterne, all inklusive auf einer traumhaften Anlage in der Nähe von Mombasa. Mein Mann fand die Buchung von Anfang an doof, da er der Meinung war, wir würden nicht in so eine Anlage passen. Ich fand's gut, denn ich wollte Luxus und Sicherheit. Schließlich galt Kenia damals zwar als sicherer als heute, aber eben nicht als supersicher. Was soll ich sagen: Die Anlage war ein Traum, und das Durchschnittsalter der Gäste lag mindestens 20 Jahre über dem unsrigen, was mein Mann natürlich auch doof fand.

Am ersten Tag gingen wir runter zum hoteleigenen Strand. Dieser reichte aber nicht bis ans Wasser, denn damals konnten die Hotels sich nur einen Teil des Strandes kaufen. Der restliche Teil, der bis zum Wasser runterging, war öffentlich, und dort waren die Beachboys mit ihren Waren unterwegs. Allerhand Folklorekitsch, den sie den Touristen andrehen wollten. Die Jungs warteten, bis einer von uns Touris den öffentlichen Teil des Strandes betrat, was nötig war, um ins Wasser zu gelangen. Und dann wurden die Touristen so lange beschwatzt, bis sie entweder schnell auf den hoteleigenen Teil des Strandes flüchteten oder aufgaben und kauften. Absurde Szenen spielten sich ab, denn manche Touristen hatten sich die Strategie überlegt, schnell ins Wasser zu laufen, dort hatte man seine Ruhe, und nach dem Bad schnell wieder zurück. Ein Stück weiter den Strand runter saßen die Beachboys im Schatten unter einem Felsen und starteten von dort ihre Touren. Mein Mann hat sich am Strand gleich mit ein paar von ihnen unterhalten, und am zweiten Tag war ihm langweilig und er ging zu den Jungs zum Felsen. Nach einer Stunde kam er zurück und meinte, die Jungs seien echt nett. Am nächsten Tag das gleiche Spiel, und ich wurde mitgeschleppt. Ich war skeptisch. Außerdem hatte uns die Reiseleitung dringend angewiesen, nichts von den Beachboys zu kaufen, da fast alle betrügen würden. Am besten gar nicht mit ihnen sprechen. Na toll! Und ich saß jetzt als blonde Frau unter einem Felsen mit zehn Beachboys beim Bier. Okay, mein Mann war auch dabei, aber was sollte er gegen zehn schon ausrichten? Mein Mann hatte anscheinend überhaupt keine Bedenken, und nach ein paar Minuten verstand ich auch, warum. Die Jungs – alle in unserem Alter – waren supernett. Ein paar von ihnen sprachen perfekt Deutsch. Einer erzählte, dass er ein paar Jahre in Österreich und in der Schweiz in der Hotellerie gearbeitet hätte, aber er hätte sein Land vermisst. Außerdem regte er sich über die Preise für eine Tasse Kaffee in der Schweiz auf. Das war schon witzig, wie wir da mit den Jungs in Kenia unter einem Felsen hockten, warmes Bier tranken und darüber sinnierten, warum in Europa eine Tasse Kaffee so teuer war. Gegen jede Warnung unserer Reiseleitung haben wir bei den Jungs eine mehrtägige Safari gebucht. Und was soll ich sagen: Wir haben die Hälfte von dem bezahlt, was unser Reiseveranstalter verlangte, und hatten doppelten Luxus. Eine herrliche Lodge und einen eigenen Safari Guide, der uns mit seinem Jeep durch die Masai Mara kutschierte, während die Reiseveranstaltungsgruppe mit einem alten Bus nur auf den einigermaßen ausgebauten Pisten durch die Steppe ruckelte.

Natürlich hätte das auch schiefgehen können. Die Jungs hätten unser Geld nehmen und damit verschwinden können. Das wäre zwar ärgerlich gewesen, aber mehr wäre ja gar nicht passiert. Ein wenig Risiko gehört im Leben immer dazu. Es gibt kaum Weltreisende, die von unfreundlichen Menschen entlang des Weges berichten. Alle geraten zwar auch mal in unangenehmere Situationen – meist mit Sicherheitsbeamten (wie absurd) –, aber die Bevölkerung ist fast immer aufgeschlossen und freundlich.

Ich bin meinem Mann sehr dankbar für seine Aufgeschlossenheit, denn sonst wäre unsere Hochzeitsreise ein einfacher Pauschalurlaub mit langer Anreise geworden. So haben wir nicht nur die Masai Mara abseits von Touristenpfaden, sondern auch noch Mombasa und die Mangrovensümpfe auf dieser Ecke kennengelernt. Die Jungs haben uns einfach überallhin mitgenommen. Das bedeutet nicht, dass man alle Sicherheitshinweise der Reiseveranstalter einfach ignorieren und das Risiko suchen sollte. Es bedeutet, Gespräche mit Menschen zu suchen. Fürs Erste ist ein echtes Gespräch auf Augenhöhe mit dem Hotelpersonal sicher ein Anfang. Aber bitte die Augenhöhe nicht vergessen.

Eine gesunde Portion Neugier hilft. Neugier hat in unseren Breitengraden auch gern mal einen bitteren Beigeschmack. Die neugierigen Nachbarn, die alles weitertratschen, sind ein schönes Beispiel für die Bitterkeit. Wenn wir das aber mal außen vor lassen, dann ist Neugier etwas Großartiges: die Gier, Neues zu entdecken und vor allem auszuprobieren! Wie war das noch mit den ausgetretenen Pfaden? Die weniger betretenen Pfade sind die spannenden! Auch wenn unser Gehirn nicht so wahnsinnig viel Interesse daran hat, unnötig Energie zu verschwenden, so liebt es doch, neue Dinge zu lernen. Das Zauberwort heißt Neuroplastizität. Wo wir früher dachten, dass Hans nicht mehr lernt, was Hänschen nicht lernte, wissen wir heute: Hans lernt nach wie vor. Unsere Gehirne sind für lebenslanges Lernen gemacht. Mit anderen Worten: Wir sind von Natur aus weltoffen und neugierig!

In unserem Alltag vergessen wir das leider viel zu oft. Wir glauben fatalerweise immer noch, dass unser Gehirn durch unsere Gene strukturiert wurde. Dann kamen noch unsere Lebensumstände und Erfahrungen dazu, und dann bleibt die graue Masse irgendwann so. So wie Ton, der eine Weile formbar und flexibel ist und mit dem Brennvorgang seine Flexibilität verliert. Zugegeben, wenn ich mir einige meiner Mitmenschen so anschaue, dann habe ich schon das Gefühl, dass deren Gehirne einem Brennvorgang unterzogen wurden … Trotzdem sind auch deren Gehirne nach wie vor flexibel. Es gibt nämlich keinen Brennvorgang, der eine fertige Struktur einzementiert.[28] Das Gehirn kennt kein »fertig«. Wir lernen zeit unseres Lebens – okay, manche mehr, andere weniger –, und unser Gehirn formt sich ständig um. Auch wenn unser Hirn im Prinzip ein Energiesparfuchs ist, so ist seine zentrale Aufgabe doch, sich auf neue Umstände immer neu einzustellen. Ähnlich wie ein Muskel wächst es mit seinen Aufgaben oder es verkümmert und wird schlaff. Neugier und Begeisterung sind der Treibstoff für ein agiles Gehirn. Wer mit Begeisterung neue Dinge ausprobiert und immer wieder seiner gesunden Neugier folgt, der wird bis in hohe Alter auch geistig voll auf der Höhe sein. Fit im Kopf geht einher mit Weltoffenheit. Wer seinen geistigen Radius bis auf null Grad einschränkt, dessen Hirn verkümmert mit der Zeit wie eine Primel ohne Wasser.

Drei Tipps, um kein borniertes Arschloch zu sein

1. Im nächsten Urlaub einfach mal die touristisch ausgetretenen Pfade verlassen und einen Einheimischen fragen, was er am schönsten an seiner Heimat findet und was er empfehlen würde. Frage doch einfach mal nach einem Geheimtipp. Und wie gesagt: einen Einheimischen. Keinen Hotelmitarbeiter oder Reiseleiter. Das bringt dich auf jeden Fall aus deiner Komfortzone, und du lernst mit ziemlicher Wahrscheinlichkeit Ecken der Welt kennen, die nicht zwingend im Reiseführer stehen.

2. Sei neugierig! Es gibt garantiert hinter der nächsten Kurve einen Schatz zu entdecken, mit dem du nicht gerechnet hast. Erinnere dich an deine kindliche Entdeckerfreude und lass ihr einfach mal einen Tag ungezügelt freien Lauf. Mal sehen, wo dich das hinführt.

3. Tadaaaa: Vorbild suchen. Wer hätte das gedacht? In diesem Falle entscheide ich mich für meinen Mann. Er ist von sich aus nämlich gar nicht so weltoffen, wie es in der beschriebenen Geschichte den Anschein hat. Im Grunde will er am Anfang nie aus seiner Haut und schickt mich sehr gern vor. Aber seine Neugier ist immer so groß, dass er dann doch über seinen Schatten springt. Darum geht es für mich. Es geht nicht darum, die tollsten Sachen zu

machen und jedem Fremden ein Kotelett ans Ohr zu labern. Es geht darum, seinen eigenen Aktionsradius immer wieder ein Stück auszudehnen, in seinem eigenen Tempo. Und irgendwann hat man sich Stück für Stück die Welt erobert.

10 Mut

*Der Unterschied zwischen Angstfreiheit
und Mut*

Archlochfaktor:
Wenn Sozialverhalten asozial wird

Viele Menschen denken, es brauche keinen Mut, um kein
Arschloch zu sein. Einfach nur nett sein würde schon
reichen. Wenn das mal so einfach wäre. Mut hat nämlich
nichts mit Angstfreiheit zu tun. Mut fängt da an, wo auch
die Angst zu Hause ist. Zum Beispiel helfen, wenn ein Mädel
mit Kopftuch in der Bahn blöd angemacht wird. Für mich
gehört Mut dazu, sich danebenzusetzen und mit dem Mädchen ein zwangloses Gespräch zu beginnen. Ganz einfach,
weil ich vor den Anmachern auch Schiss hab. Oder zu
reagieren, wenn niemand sonst es tut. Aus einer Gruppe
herauszutreten und anders zu reagieren als alle anderen ist
maximal unangenehm und erfordert Courage. Manchmal
hat man sie und manchmal nicht.

Ich hatte sie nicht, als eine junge Mutter in der S-Bahn
ihren etwa vier Jahre alten Sohn wirklich fies behandelte. Sie
hat das Kind nicht geschlagen, aber ziemlich gemeine
Sachen zu ihm gesagt, damit der Kleine die Klappe hielt. Sie
telefonierte nämlich gerade mit ihrer Freundin und erzählte
ihr, was für ein Arschloch der Vater des Jungen sei. Mehreren
Mitreisenden war ihr Verhalten sichtlich unangenehm, aber
niemand sagte etwas. Ich auch nicht. Als die junge Frau dann

ausstieg, waren alle erleichtert und tauschten sich kurz darüber aus, wie unmöglich sie war. Aber eben erst im Nachhinein. Ich hab mich danach schlecht gefühlt, denn der kleine Junge tat mir leid. Ob es was geändert hätte, wenn ich etwas gesagt hätte? Ich weiß es nicht. Wenigstens hätte die Frau mitbekommen, dass ihr Verhalten scheiße war. Da aber keiner etwas gesagt hat, hat sie natürlich den Eindruck, dass alles in Ordnung ist. Leider ist mir das erst im Nachhinein klar geworden.

Unserer Selbstbild entsteht nicht aus sich heraus. Wir testen unser Selbstbild am Verhalten der anderen. Klar würde die junge Frau mich im ersten Moment für eine dumme Tussi halten, aber wenn sie immer mal wieder die Rückmeldung bekommt, dass ihr Verhalten nicht okay ist, vielleicht ändert sie irgendwann etwas. Unwahrscheinlich, aber es ist einen Versuch wert. Vor allem wäre mein Selbstbild im Nachhinein nicht angekratzt gewesen, wenn ich etwas gesagt hätte. Beim nächsten Mal werde ich es anders machen. Das steht auf jeden Fall fest. Ich hoffe, dass ich dann mutig genug bin, um aus der Menge herauszutreten.

Mut beginnt eben auch dort, wo wir uns über Konformität hinwegsetzen. Im Film »Der Club der toten Dichter« gibt es eine schöne Szene, in der der Lehrer Mister Keating seinen Schülern die Gefahren von Konformität in einer simplen Übung verdeutlicht. Er lässt drei seiner Schüler im Schulhof vor den anderen Schülern auf und abgehen. Es dauert nicht lange, und die Jungs marschieren im Gleichschritt hintereinanderher. Die Umstehenden beginnen im Takt zu klatschen, und Keating singt dazu ein Marschlied. Danach befragt er seine Schüler zu der Situation. Sehr gut gefällt mir, dass er die Umstehenden darauf hinweist, dass er sehr wohl wüsste, dass sie dächten, sie hätten sich anders verhalten. Aber warum haben sie dann im Takt geklatscht? Sie sind auf den Zug der Konformität mit aufgesprungen! Ihr zu entkommen erfordert zum einen Bewusstwerdung und zum anderen Mut.

Gruppennormen sind so stark, dass wir sie häufig erst bemerken, wenn wir ihnen entkommen. Versuche haben gezeigt, dass Probanden eine wesentlich höhere Fehlerquote bei einer Aufgabe haben, wenn sie durch eine ins Experiment eingeweihte Gruppe beeinflusst werden. Bei einer Vergleichsaufgabe hatten die Teilnehmer ohne Gruppendruck eine Fehlerquote von 0,7 Prozent. In der eingeweihten Gruppe stieg die Fehlerquote auf 37 Prozent an.[29]

Ein weiteres schönes Beispiel hat die Fernsehmoderatorin Linda Zervakis im Jahr 2017 mit einem Filmteam des NDR abgeliefert. Mit der Frage »Wie viel Herdentier steckt in uns?« hat sie bekannte Experimente der psychologischen Forschung nachgestellt und die Ergebnisse auf Film gebannt.[30] Menschen ändern in der Gruppe ihre Meinung und verdrehen sogar die Fakten. Da wird aus Grün schnell Blau, obwohl wir es besser wissen. Die Hamburger Psychologin Juliane Degner erklärt dieses Verhalten mit dem Überlebensinstinkt. Wer zu Fred und Wilma Feuersteins Zeit aus der Gruppe ausgestoßen wurde, der hat nicht lange überlebt. Also wird sich der Gruppe angepasst. Und wir stammen mal wieder von den Steinzeitmenschen ab, die sich am besten angepasst haben. Nicht von denen, die wahnsinnig individuell unterwegs waren. Das Ganze nimmt so absurde Formen an, dass Menschen in einem Wartesaal aufstehen, wenn eine Glocke ertönt, nur weil alle anderen aufstehen. Obwohl sie nicht wissen, warum alle aufstehen. Noch absurder wird es, wenn Schritt für Schritt die Eingeweihten gegen Nichteingeweihte ausgetauscht werden. Am Ende hat man eine nicht eingeweihte Gruppe, die brav bei jedem Glockenklang aufsteht. Vor diesem Hintergrund erhalten Sätze wie »Das haben wir schon immer so gemacht« eine ganz andere Bedeutung.

Arschlochfallen: Feigheit vor dem Feind

Angst zu haben ist keine Schande. So viel schon mal vorab. Allerdings gibt es jede Menge Situationen, in denen es auch einfach bequem ist, nicht so mutig zu sein. Im Job zum Beispiel, wenn uns ein Kollege immer wieder seine Arbeit aufdrückt. Zum einen fällt es uns schwer, »Nein« zu sagen, und zum anderen ist es ja auch toll, dass jemand uns braucht. Gebraucht zu werden ist großartig. Wir sind damit ein wertvoller Bestandteil unserer sozialen Gruppe. Und wenn gebraucht zu werden nicht das ultimative Signal ist, wichtig zu sein, was dann?

Vielleicht ist das auch ein Grund, warum viele Eltern ihre Kinder überbehüten. Selbst in so einer kleinen sozialen Gruppe wie der Familie gehört gebraucht zu werden zu den bestimmenden Faktoren für unser Selbstbild. In diesem Kontext ist die Frage erlaubt, ob es einen Zusammenhang gibt zwischen Kindern, die das Haus verlassen, und dem oft darauf folgenden Zerbrechen einer Ehe. Was ist, wenn die gemeinsame Aufgabe wegfällt? Hätte man vorher den Mut aufgebracht, sich mit der eigenen Nützlichkeit gebührend auseinanderzusetzen, wäre das sprichwörtliche Kind vielleicht nicht in den Brunnen gefallen. Wer weiß? Ist nur so ein Gedanke …

Zurück zum Mutigsein in der Firma. Es gehört schon eine Portion Mut dazu, dem einen Kollegen zu sagen, er soll seinen Scheiß gefälligst selbst machen. Womit die Frage, ob man dann nicht das Arschloch ist, durchaus legitim ist. Aber mal ehrlich: Wir wissen im Grunde ganz genau, wann ein Kollege derart unter Wasser ist, dass wir ihm da raushelfen müssen, und wann nicht. Kein Arschloch zu sein benötigt eben Fingerspitzengefühl und Mut zu beiden Teilen.

Aber was ist Mut denn jetzt genau? Sich aus einer Gruppe zu lösen? Einen Fallschirmsprung zu wagen? Im Prinzip ist es mutig, wenn man sich überwindet, etwas zu tun, vor dem man mehr oder weniger Angst hat. Wenn man seine Komfortzone verlässt. Damit ist relativ klar, dass Mut nicht an einer Handlung festgemacht werden kann, sondern an der Person, die die Handlung ausführt. Für einen Polizisten ist es vermutlich nicht so schwer, dazwischenzugehen, wenn ein Mann eine Frau belästigt. Der Polizist kennt diese Situation aus seinem Berufsalltag.

Was Menschen beispielsweise oft schwerfällt, ist, in Notsituationen tatsächlich zu helfen. Die Situation ist schon beängstigend genug. Dann noch einen kühlen Kopf zu bewahren und zu schauen, was zu tun ist, ist schon richtig mutig. Denn die Angst, etwas falsch zu machen, schwingt immer mit. Sobald aber eine Person den Angstkreis durchbricht, helfen gleich mehrere Menschen. Genau so eine Situation habe ich vor ein paar Wochen auf einer Familienfeier erlebt. Ein Stück von uns entfernt sackte ein älterer Herr in sich zusammen. Seine Frau und eine andere Dame versuchten, ihn zu stützen und auf einen Barhocker zu bugsieren. Als ich die Situation bemerkt habe, habe ich meinem Mann und seinem Kumpel – beides Ersthelfer und bei der freiwilligen Feuerwehr – Bescheid gesagt, und beide haben sich sofort um den Mann gekümmert. Es kamen eine Krankenschwester und zwei weitere Ersthelfer dazu, und ein paar weitere Umstehende fragten, wie sie helfen könnten. Für einen kurzen Moment verlor der Herr das Bewusstsein, und die Krankenschwester reanimierte ihn sofort, während mein Mann und sein Freund den Mann hielten. Kurz danach kam der Rettungswagen, und der Herr wurde abgeholt. Aufgrund des beherzten Eingreifens der Beteiligten geht es ihm heute gut.

In so einer Situation zu helfen ist für Ersthelfer, Krankenschwestern, Pfleger und Ärzte kein mutiger Akt. Sie wissen, was zu tun ist. Ich war froh, dass mein Mann dabei war. So war mein Mut nicht gefordert, denn ich brauchte ihm ja nur kurz Bescheid zu geben. Damit ich aber in Zukunft in solchen Situationen mutig sein kann, habe ich mich wieder zum Erste-Hilfe-Kurs angemeldet. Mein letzter Kurs ist schon viel zu lange her.

Eine schöne Mutgeschichte ist auch die Geschichte vom mutigen Häschen: Die Tiere im Wald sind in Aufruhr. Man erzählt sich, der Bär habe eine Todesliste, und wer draufsteht, stirbt. Am nächsten Morgen ist der Hirsch tot.

Da treffen sich Fuchs und Igel, und der Fuchs fragt den Igel: »Sag mal, stimmt das, dass der Hirsch tot ist?« Und der Igel sagt, »Ja«. »Dann stimmt es also, dass der Bär eine Todesliste hat und wer draufsteht, stirbt?« Der Igel nickt beklommen. »Igel, meinst du, wir können da irgendwas machen?«

Fragt der Fuchs, aber der Igel hat keine gute Idee. So trennen sich die beiden unverrichteter Dinge.

Am nächsten Morgen ist der Fuchs tot. Der Igel ist außer sich. Da trifft er das Häschen. »Häschen, hast du schon gehört? Der Bär hat wirklich eine Todesliste, und wer draufsteht, stirbt. Der Hirsch stand drauf und ist tot. Der Fuchs stand drauf und ist tot. Und ich bin bestimmt der Nächste«, sagt der Igel.

Die beiden überlegen eine Weile, was sie machen könnten, aber es fällt ihnen nichts Gutes ein. So gehen beide wieder ihres Weges.

Am nächsten Morgen ist der Igel tot. Das Häschen bekommt immer mehr Angst. Aber es stellt sich seiner Angst und geht zum Bär und fragt: »Sag mal, Bär, hast du wirklich eine Todesliste?«

»Ja«, sagt der Bär.

»Stehe ich auch drauf?«

Der Bär nickt. Da nimmt das Häschen seinen ganzen Mut zusammen und fragt: »Sag mal, Bär, kannst du mich bitte einfach von der Liste streichen?«

Der Bär überlegt kurz und sagt: »Klar, weil du so nett gefragt hast.«

Das Häschen in der Geschichte musste garantiert all seinen Mut zusammennehmen, um sich so zu verhalten. Und genau das ist es, was Mut ausmacht. Für jemanden, der regelmäßig vom Fünfmeterbrett im Schwimmbad springt, ist das nicht mutig. Aber beim ersten Mal war es mutig.

Ich kann mich noch genau daran erinnern, wie ich mit sechs Jahren das erste Mal vom Dreier gesprungen bin. Wir waren in Tunesien im Urlaub, und dort gab es einen Pool mit Dreimeterbrett. Dort sprangen ein paar Kids immer wieder mit viel Gejohle runter. Mein Vater übrigens auch. Da war für mich klar: Das musste eine tolle Sache sein. Ich also auch rauf auf den Dreier. Oben wurde mir schlagartig bewusst: Mist, so toll ist das doch nicht. Das ist ganz schön hoch. Nun war ich mit Abstand die Jüngste, die auf den Turm krabbelte, und alle Poolbesucher schauten auf den mutigen, kleinen Floh, der mal eben vom Dreier springen wollte. Das doofe war nur, der Floh wollte eigentlich gar nicht mehr. Runter wollte ich aber auch nicht. Die Blöße wollte ich mir dann auch nicht geben. Also: Augen zu und durch. Mein Herz hat kurz ausgesetzt, und dann kam der Adrenalinrausch. Super! Also gleich noch mal rauf. Nach dem zweiten, dritten Mal springen war es dann völlig normal. Die nächste Stufe war dann ein Jahr später das Fünfmeterbrett im heimischen Freibad, und das Spiel ging von vorne los.

Genauso verhält es sich mit dem Mut. In dem Moment, in dem du einmal deine Angst überwunden hast, merkt dein Gehirn: Krass, es geht ja. Nur leider hat dein Gehirn im ersten Moment mal wieder überhaupt kein Interesse daran. Dein Gehirn hat ein grundsätzliches Interesse daran, dass du überlebst. Das macht ja auch erst einmal Sinn. Also tut es alles, damit du keinen Unfug machst und keine unnötigen Risiken eingehst, wie zum Beispiel aus einer Gruppe auszuscheren. Die Überlebenschancen in einer Gruppe sind im Durchschnitt nämlich höher als allein. Selbst wenn du in einer Gruppe vor einem Säbelzahntiger wegrennst, ist die Wahrscheinlichkeit zu überleben höher, denn es gibt mehr potenzielle Mahlzeiten. Wer aus einer Gruppe heraustritt, wird eben eher angegriffen. Und wer will das schon? Also halten wir in der Regel schön den Kopf unten und unseren

Arsch in der Gruppe. Sobald sich aber eine Gruppe formiert und wir mit dem Beistand der Gruppe rechnen können, sieht die Sache ganz anders aus. Die Frage ist nur: Was ist zuerst da? Der Held? Oder die Gruppe?

Arschlochbremsen:
Helden in der Warteschleife

Philip Zimbardo, das war der Typ mit dem Stanford Prison Experiment, sagt: »Wir alle sind Helden in Warteposition. Wenn wir Heldentum als Teil der menschlichen Natur betrachten und nicht als seltene Charaktereigenschaft einiger Auserwählter, dann können wir in jeder Gesellschaft heroisches Handeln fördern.«[31]

Zimbardos Theorie ist, wenn wir häppchenweise »böse« werden können, dann können wir auch schrittweise gut werden. Selbst in Zimbardos Experiment mit den Gefangenen und den Wärtern waren die Wärter nicht von Anfang an böse. Es passierte Schritt für Schritt. Ähnlich wie beim Milgram-Experiment mit den Lehrern und den Stromstößen. Alles begann mit 15 Volt … Im Umkehrschluss geht Zimbardo davon aus, dass wir auch in kleinen Schritten zu Helden werden können.

Sozialpsychologen sprechen bei passivem Verhalten, wenn etwas Schlimmes passiert, vom bystander effect. Dieser besagt, dass die ersten Zuschauer als Vorbild für die anderen dienen. Eine Norm wird so situativ etabliert. So erklärt sich auch der Gaffer-Effekt bei Autounfällen. Fängt erst mal einer damit an, dann ist es für den Rest auch okay. Zimbardos Theorie ist, dass man das Ganze umdreht und jemand der Erste sein muss, um sich mutig zu verhalten. Er sagt: »Seid keine bystander, seid upstander.«

Natürlich muss niemand sofort eine Gruppe Hooligans alleine aufmischen. Das ist dabei nicht gemeint. Auch bei Zimbardos Idee geht es um die Magie der kleinen Schritte. Tatsächlich lässt sich Mut üben. Genau wie vom Fünfer springen. Man klettert eben nicht gleich auf den Fünfer, sondern erst auf den Startblock, dann auf den Einer, dann auf den Dreier und dann auf den Fünfer. Genauso verhält es sich mit Situationen, die Mut erfordern.

Niemand muss sofort dem Chef vor versammelter Mannschaft die Meinung geigen, wenn dieser den Müller-Meyer-Schulze ungerechtfertigt zur Minna macht. Wer sich sofort traut: super! Wer nicht, der sucht sich erst einmal kleinere Baustellen und fragt Müller-Meyer-Schulze in einer ruhigen Minute, wie er ihm helfen kann.

Kleinere Baustellen können sein, dass man zum Beispiel diesen einen Kollegen, der immer seine Tasse auf anstatt in die Spülmaschine stellt, anspricht. Auch das kann schon zu viel sein. Dann einfach die Tasse auf seinen Schreibtisch stellen und einen Zettel drankleben, dass Geschirr nicht von allein in die Spülmaschine hüpft. Es gibt viele Möglichkeiten. Wichtig ist, dass wir uns dabei nicht an mutigeren Menschen messen, sondern nur an uns selbst.

Meine Kollegin Tanja Peters, Autorin des Buchs »Mutmuskeltraining«, sagt dazu: »Mut ist wie ein Muskel, den man trainieren kann. Aber jeder in seinem eigenen Tempo. Vergleiche dich immer nur mit dir selbst, wie du gestern noch warst. Und wenn du heute ein bisschen mutiger bist, dann feier dich dafür.« Die Idee gefällt mir. Das unterschreibe ich uneingeschränkt.

Ein Punkt, den ich für mich als hilfreich entdeckt habe, ist die Reflexion. Klar wissen wir alle, dass wir uns und unser Verhalten immer mal wieder reflektieren sollten. Keine Frage. Ich habe für mich festgestellt, dass sie mir in diesem Zusammenhang wirklich hilft. Nehmen wir die zuvor beschriebene Situation in der Bahn mit der Mutter und ihrem Kind. Wer sich über die Frau ärgert, wird nichts ändern. Wer sich über sich ärgert, wird zunächst nur schlechte Laune ernten. Wer aber reflektiert und zu sich sagt, das kann ich beim nächsten Mal besser machen, der hat eine realistische Chance darauf, wirklich etwas besser zu machen. Noch besser ist, wenn man sich auch gleich vorstellt, wie man es beim nächsten Mal machen will. Sich das einmal genau zu überlegen, ohne dabei die Angst außen vor zu lassen, sondern sie in die Vorstellung mit einzubeziehen.

Diese Methode nennt sich die WOOP-Methode oder mentales Kontrastieren. Entwickelt wurde sie von der Hamburger Psychologieprofessorin Gabriele Oettingen.[32] WOOP steht für Wish (Wunsch), Outcome (Ergebnis), Obstacle (Hindernis), und Plan steht, na ja, für Plan. Oettingens Forschungsergebnisse zeigen, dass Probanden, die ein Hindernis und dessen Überwindung in ihre Visualisierungen mit einbeziehen, insgesamt erfolgreicher sind als Probanden, die nur das positive Ergebnis visualisieren. Diese Methode funktioniert natürlich bei allen Zielen, die wir uns setzen.

Drei Tipps, um kein feiges Arschloch zu sein

1. Die WOOP-Methode anwenden. Und damit meine ich auch wirklich anwenden. Nicht einfach nur lesen, denken, dass sie interessant ist, und dann weitermachen wie bisher. Mutig zu sein kommt nicht von selbst. Auch wenn wir das manchmal denken. Es braucht schon ein wenig Arbeit und Übung. Wie halt mit allen Dingen, die wir ändern wollen.

2. Sei geduldig mit dir selbst. Mut kommt nicht einfach so vorbei und sagt: »Hey, hier bin ich. Ab geht die wilde Fahrt.« Mut ist eben wie ein Muskel, der trainiert werden will. Und da gibt es auch mal den einen oder anderen Rückschlag. Das macht nix. Wenn es einen Rückschlag gibt, zurück zu Punkt eins und noch mal von vorn.

3. Das mit den Vorbildern ist sicher auch hier eine gute Sache. Aber suche dir ein Vorbild, das langsam, aber sicher immer mutiger wurde. Ein Vorbild, das an seinem eigenen Mut gearbeitet hat. Ein Vorbild, das einfach »nur« mutig ist, ist meiner Ansicht nach in diesem Fall nur die zweite Wahl. Daher gibt es noch den Tipp 3.2: Google einfach mal Mutmuskel. Da findest du jede Menge guten Input zu diesem Thema.

Wahrheit

Im Auge des Betrachters

Arschlochfaktor:
Meine Wahrheit ist die einzig wahre

»Die Wahrheit liegt im Auge des Betrachters.« Mit diesem Satz ist im Prinzip zu diesem Kapitel schon alles gesagt. Wie meine ich das? Tatsächlich stimmt dieser Satz. Natürlich gibt es eine Wahrheit, auf die wir uns alle einigen können. Zum Beispiel, dass der Himmel blau ist. Wobei ich hier Blinde und Farbenblinde ausschließen muss. Oder wir einigen uns darauf, dass Musik aus einzelnen Tönen besteht. Okay … jetzt müssen wir Gehörlose ausschließen … Gar nicht so einfach … Selbst in der Wissenschaft ist man sich über viele Dinge nicht einig. Außerdem habe ich von den meisten wissenschaftlichen Betrachtungsweisen viel zu wenig Ahnung, um hier Beispiele zu bringen. Der Grundsatz »Der Beobachter bestimmt das Beobachtbare« ist allerdings immer am Start. Und damit auch: »Die Wahrheit liegt im Auge des Betrachters.«

Auf wissenschaftlicher Basis wird damit sehr professionell umgegangen. Im Alltag eher nicht. Wir behaupten gern, dass die Dinge so und nicht anders seien, dabei haben wir am Ende überhaupt keine Ahnung von der Wirklichkeit. Wir können nur bestimmte Frequenzen hören. Unser Riechsinn ist dem eines Hundes weit unterlegen, und ultraviolettes Licht können wir nicht sehen. Trotzdem halten wir uns für die Krone der Schöpfung und sind der Meinung, wir könnten die Realität erfassen und sie damit auch beurteilen. Das können wir aber nur zu einem ganz geringen Teil. Und immer mal wieder fällt uns diese Unfähigkeit auf die Füße: im Großen wie im Kleinen.

Wahrheit ist schwer zu greifen, obwohl sie in all unserem Tun und Lassen ein ganz wesentlicher Faktor ist. Bewusstes Lügen vorerst einmal bewusst ausgenommen. Wir glauben an die Realität bestimmter Sachverhalte so lange, bis wir eines Besseren belehrt werden. Wer jetzt anfängt zu zucken: Es galt auch lange Zeit die Wahrheit, dass die Erde eine Scheibe ist. Dass eiternde Wunden mit einem Kuhmistverband besser heilen und dass Könige von Gottes Gnaden regieren. Wahrheit und auch Wissenschaft sind oft nicht mehr als der letzte Stand des Irrtums.

Wenn allerdings ein US-Präsident hingeht und seriöse Journalisten, wie beispielsweise von der *New York Times,* als Fake-News-Produzenten bezeichnet, dann liegt vielleicht die Wahrheit im Auge des Betrachters, aber mit der Wahrheit ist es dann nicht mehr allzu weit her. Auch wenn Wissenschaft immer der letzte Stand des Irrtums ist, so ist es doch die Wahrheit, die zu diesem Zeitpunkt gilt. Wenn sich Wissenschaftler auf der ganzen Welt unabhängig voneinander einig sind, dass es den Klimawandel gibt, dann können wir getrost davon ausgehen, dass an dieser Aussage etwas dran ist. Wissenschaftler sind nämlich vor allem eines: Experten auf ihrem Fachgebiet. Das sind Journalisten im Übrigen auch. Ähnlich wie Ärzte. Ich persönlich neige dazu, meinem Arzt zu glauben, wenn der mir etwas über meine Gesundheit sagt. Der macht nämlich den ganzen Tag nix anderes, als sich mit diesem Thema zu befassen. Auch wenn ich in meinem

Körper zu Hause bin, habe ich nicht halb so viel Ahnung von dessen Funktionen wie mein Arzt. Also vertraue ich doch der Person, die mindestens acht Stunden am Tag, fünf Tage die Woche und 20 Tage im Monat nichts anderes macht. Das sind im Jahr 38 400 Stunden, und das über viele Jahre hinweg. Wer sich so viele Stunden mit einer bestimmten Materie befasst, der darf sich nach meiner Meinung Experte nennen.

Wenn nun ein US-Präsident (oder ein anderes Staatsoberhaupt) daherkommt und diese Erfahrung – egal ob bei Journalisten oder Klimaforschern – in Abrede stellt, dann ist die Frage erlaubt, wie denn seine Wahrheit aussieht. Ich persönlich bekomme Bauchschmerzen, wenn Experten auf der Payroll von Konzernen stehen, die am jeweiligen Expertenthema ein kommerzielles Interesse haben. Da bekommt die Weisheit »Die Wahrheit liegt im Auge des Betrachters« einen faden Beigeschmack.

Hier schließt sich der Kreis zu den Viren des Geistes aus dem Kapitel »Weltoffenheit«. Im Prinzip sind ja alle Themen miteinander verbunden, aber in diesem Fall wird es besonders deutlich. In dem Moment, in dem Glauben zu Wissen wird, wird es schwierig. Denn was wir glauben, ist unsere Wirklichkeit, und was wir wissen, kommt der Wahrheit am nächsten.

Arschlochfallen:
Ich sehe was, was du nicht siehst

Aber wie kommt es überhaupt dazu, dass wir der Meinung sind, die Wahrheit oder die Wirklichkeit in ihrer Komplexität erfassen zu können? Ist das nicht wahnsinnig vermessen? Ja, das ist es. Wenn wir allerdings weniger vermessen wären, hätten wir sehr gute Chancen, komplett verrückt zu werden. Das ist ja auch nicht besonders zielführend.

Die Wirklichkeit ist im Prinzip das, was auf uns wirkt. Und was auf jeden Einzelnen wirkt, ist wiederum für jeden Menschen verschieden. Natürlich (oder hoffentlich) leben wir alle in der gleichen Welt. Die Frage ist nur, welche von den vielen Millionen Sinneseindrücken, die wir aus dieser Welt erhalten, wir auch verarbeiten. Pro Sekunde prasseln etwa elf Millionen Sinneseindrücke auf unser Gehirn ein. Bewusst nehmen wir davon nur so um die 40 wahr.[33] Die Preisfrage ist: Welche 40 sind das? Sind das bei allen Menschen die gleichen 40? Die Antwort ist: eher nicht. Es kommt auf unsere Vorlieben, Schwächen, eben auf all unsere Erfahrungen an.

Ich bin beispielsweise zeit meines Lebens eine Pferdenärrin. Noch heute entdecke ich auf dem Land überall Pferde. Mein Sohn und mein Mann sehen die Vierbeiner nicht. Ihre Aufmerksamkeit gehört Traktoren und coolen Landmaschinen.

Damit ist die zentrale Frage bei der Wahrnehmung und damit beim Entstehen unserer Realität: Worauf richtet sich unsere Aufmerksamkeit?

Zauberkünstler wissen um diesen Zusammenhang ganz genau, denn so funktionieren die meisten Zaubertricks. Die Aufmerksamkeit des Publikums wird vom eigentlichen Geschehen abgelenkt, und so entsteht im Auge des Betrachters – der eben nicht das eigentliche Geschehen betrachtet – Magie. In diesem Fall ist das ja auch ganz schön. In anderen Fällen eher nicht.

Als ich mit Anfang zwanzig mein erstes neueres Auto kaufte, war ich stolz wie Oskar: ein roter Seat Ibiza, nur ein paar Jahre alt. Im Gegensatz zu den Kisten, die ich vorher gefahren bin, eine wahre Pracht. Leider hatte die Pracht nicht lange Bestand, denn nach sechs Wochen hatte ich den Wagen zu Schrott gefahren. Einfach, weil mir meine Wahrnehmung einen Streich gespielt hat. In der Nachbarortschaft an einer Kreuzung habe ich auf der anderen Straßenseite eine Freundin gesehen und ihr gewunken. Ich hätte schwören können, dass die Ampel an der Kreuzung vor mir Grün zeigte und kein Auto zu sehen war. War aber nicht so: Es war rot, und vor mir stand ein Audi … Auch in meiner Erinnerung ist die Ampel noch grün, und ich habe freie Fahrt … Da war meine Aufmerksamkeit wohl nicht komplett da, wo sie hätte sein sollen. Das war übrigens lange, bevor es Smartphones gab … Die Geschichte mag noch nicht so viel mit Arschlochfallen zu tun haben, zeigt aber recht deutlich, wo die Reise mit der Wahrheit hingehen kann.

Davon erzählt auch eine schöne Sufi-Geschichte von den fünf blinden Weisen, die in dieser und anderen Formen im Internet zu finden ist. Da die Weisen blind waren, wussten sie, ihre Augen konnten sie nicht täuschen, und so waren sie der Weisheit näher als sonst jemand in ihrem Land. Und weil ihre Weisheit überall bekannt war, wurden sie von ihrem König ausgeschickt, um herauszufinden, was ein Elefant ist. Ein Tier, von dem der König schon viel gehört hatte. Und so machten sich die Blinden auf die Reise nach Indien. Dort wurden sie von Helfern zu einem Elefanten geführt. Die fünf Gelehrten standen nun um das Tier herum und versuchten, sich durch Ertasten ein Bild von dem Elefanten zu machen.

Als sie zurück zu ihrem König kamen, sollten sie ihm nun über den Elefanten berichten. Der erste Weise hatte am Kopf des Tieres gestanden und den Rüssel betastet. Er sprach: »Ein Elefant ist wie ein langer Arm.« Der zweite Gelehrte hatte das Ohr des Elefanten ertastet und sprach: »Nein, ein Elefant ist vielmehr wie ein großer Fächer.« Der dritte Gelehrte sprach: »Aber nein, ein Elefant ist wie eine dicke Säule.« Er hatte ein Bein des Elefanten berührt. Der vierte Weise sagte: »Also ich finde, ein Elefant ist wie eine kleine Strippe mit ein paar Haaren am Ende«, denn er hatte nur den Schwanz des Elefanten ertastet. Und der fünfte Weise berichtete seinem König: »Also ich sage, ein Elefant ist wie eine riesige Masse mit Rundungen und ein paar Borsten darauf.« Dieser Gelehrte hatte den Rumpf des Tieres berührt.

Nach diesen widersprüchlichen Äußerungen fürchteten die Gelehrten den Zorn des Königs, konnten sie sich doch nicht darauf einigen, was ein Elefant wirklich ist. Doch der König lächelte weise: »Ich danke euch, denn ich weiß nun, was ein Elefant ist: Ein Elefant ist ein Tier mit einem Rüssel, der wie ein langer Arm ist, mit Ohren, die wie Fächer sind, mit Beinen, die wie starke Säulen sind, mit einem Schwanz, der einer kleinen Strippe mit ein paar Haaren daran gleicht, und mit einem Rumpf, der wie eine große Masse mit Rundungen und ein paar Borsten ist.«

Die Gelehrten senkten beschämt ihren Kopf, nachdem sie erkannten, dass jeder von ihnen nur einen Teil des Elefanten ertastet hatte und sie sich zu schnell damit zufriedengegeben hatten.

Im Prinzip funktionieren wir genauso wie die fünf Weisen. Wir sehen nur unseren Ausschnitt der Wirklichkeit und halten das, was wir wahrnehmen, für die Realität beziehungsweise die Wahrheit. Im Grunde genommen ist es auch die Wahrheit, aber es ist eben im ersten Moment nur unsere eigene Wahrheit. Das ist der Grund, warum mir der Begriff »Wirklichkeit« in diesem Zusammenhang besser gefällt. Es ist eben nur das, was auf uns wirkt.

Rund um die Entstehung dieses Buchs hat mir ein Coachingklient eine interessante Geschichte erzählt. Er hatte ein Gespräch mit einer Mitarbeiterin aus einer seiner Filialen. Die Dame kam aus der Babypause und wollte wieder in ihrem alten Job durchstarten. Darüber waren sich beide einig. Nun ging es darum, dass der Bereich zwischenzeitlich einen höheren vertrieblichen Anteil bekommen hatte. Bevor die Mitarbeiterin in den Mutterschutz ging, lag der Schwerpunkt auf dem Service. Grundsätzlich hatte die Dame auch überhaupt nichts dagegen, und so gingen beide offensichtlich zufrieden aus dem Gespräch. Kurze Zeit später erfuhr mein Klient über eine 360-Grad-Analyse, dass die Mitarbeiterin total irritiert war, dass sie jetzt zum Vertriebsprofi umfunktioniert werden sollte, und dass diese aggressive Verkaufsansage sie unter Druck setzen würde. Dabei hatte er nach seiner Wahrnehmung und nach Wahrnehmung des anwesenden Kollegen nur zweimal in einem einstündigen Gespräch das Wort »Vertrieb« überhaupt erwähnt. Was war passiert? Was ist die Wahrheit?

Da keine Gesprächsaufzeichnung existiert, haben vermutlich alle drei recht. Die Mitarbeiterin hat den »Vertriebspart« des Gesprächs überbewertet, weil sie diesen Teil ihres Jobs vermutlich unangenehm findet. Und unangenehme Dinge lösen unangenehme Emotionen aus. Mit diesen befassen wir uns tatsächlich stärker als mit den angenehmen. Wir stürzen uns auf das, was wir nicht mögen, und bumms, ist die Wirklichkeit gleich eine ganz andere. Wenn wir in dieser Situation anfangen, uns darüber zu streiten – und das tun wir in der Regel –, wer jetzt recht hat, dann führt das nirgendwohin. Meistens wird es sogar noch schlimmer. In diesem Fall ist die Lösung, der Mitarbeiterin erst einmal recht zu geben (Gleiches gilt auch bei Kindern, bei Schatzi und Freunden). Denn in ihrer Wirklichkeit hat sie ja recht. Und dann zu sagen, dass man sich wohl falsch ausgedrückt hätte. Danach kann eine Erklärung folgen. Möglichst so, dass wir uns in die Wirklichkeit des anderen begeben.

Wer jetzt zuckt und denkt: »Moment mal, was ist denn, wenn ich wirklich recht hatte?« Dann sollte die Frage erlaubt sein: »Tatsächlich?« Wenn die Antwort dann immer noch »Ja« lautet, dann ab dafür. Eine gute Konfrontation auf Augenhöhe hat noch keinem geschadet. Ein Gewitter reinigt schließlich auch mal die Luft. Wichtig ist nur, dass danach nicht Dauerregen einsetzt.

Arschlochbremsen: Verstehen ist der Schlüssel

Trotz allem können wir davon ausgehen, dass wir die Welt einschätzen und uns in ihr bewegen können. Schwierig wird es in dem Bereich, in dem es ums »Glauben« geht. Denn auch das, was wir glauben, gehört letztendlich zu unserer Realität. Wenn wir beispielsweise an Gott glauben, dann finden wir natürlich überall Beweise dafür, dass Gott existiert. Glauben wir nicht an Gott, finden wir überall den Beweis dafür. In dieser Hinsicht sind wir alle Verschwörungstheoretiker. Wir suchen und finden immer genau die Beweise und Argumentationen, die zu unseren Glaubenstheorien passen.

Die Bestätigungstendenz ist schwer zu knacken, deshalb ist in diesem Buch verhältnismäßig oft von ihr die Rede, denn sie ist einer unser fiesesten Denkfehler. Wir denken, wir würden überall Beweise für unsere Theorien und Glaubenssätze finden. Tatsächlich steht der Glaubenssatz oder die Theorie schon fest, bevor es uns bewusst ist. Ich gebe zu, das ist schwer zu glauben, aber ziemlich einfach nachzuweisen.

Beispielsweise umgeben wir uns mit Menschen, die uns ähnlich sind und ähnliche Einstellungen haben wie wir. Und wir beziehen unsere Informationen vornehmlich aus Quellen, die unserer Einstellung entsprechen. Wer eine konservative Weltanschauung hat, wird eher zu Medien wie dem *Focus* oder der *Welt* tendieren. Liberaler eingestellte Menschen greifen eher zum *Spiegel,* und je nachdem, wie sozial wir drauf sind, greifen wir zur *Zeit* und/oder zur *taz.* Schon diese Form der Medienauswahl sorgt dafür, dass unsere Einstellungen und Meinungen eher bestätigt als infrage gestellt werden. Kaum eine überzeugte *taz*-Leserin wird über mehrere Wochen die *Bildzeitung* lesen, um sich mit einer anderen Meinung auseinanderzusetzen.

Ein Umstand, an dem man auch ganz locker verzweifeln könnte. Muss man aber nicht. Denn die Bestätigungstendenz hat auch ihre guten Seiten. Wir überprüfen nämlich Informationen, die nicht in unser Weltbild passen, in der Regel genauer als solche, die passen. Das bedeutet im Umkehrschluss auch, dass wir aufgrund des gründlicheren Prüfens die neuen Informationen aufgrund der Prüfung für richtig erachten und annehmen. Es ist also nicht alles nur düster. Jede Münze hat eben immer zwei Seiten.

Darüber hinaus ist es nicht ganz einfach, die Wahrheit unseres Gegenübers nicht zu bewerten. Wenn wir beispielsweise an Donald Trump denken, der sich ja, wie bereits weiter vorn im Buch beschrieben, über einen körperlich behinderten Journalisten lustig gemacht und es danach geleugnet hat, dann bewerten wir dieses Verhalten. Das finden wir nicht nur scheiße, wir finden es auch noch unglaublich dumm. Wie kann jemand so doof sein, etwas zu verleugnen, das im nationalen Fernsehen ausgestrahlt wurde? Das ist entweder dumm oder anmaßend oder beides. Und genau das ist eine Bewertung von Trumps Verhalten.

Nicht dass wir uns falsch verstehen, ich halte dieses Verhalten auch nicht für besonders klug, aber das ist eben meine Bewertung. Das Verhalten ist zunächst einmal, was es ist: ein Verhalten in einer bestimmten Situation. Das Etikett »gut«, »schlecht«, »klug«, »dämlich« etc.pp. kleben wir selbst drauf. Auch wenn ich es nicht glaube, kann es sogar sein, dass Trump zum Zeitpunkt seiner Behauptung, er hätte sich über den Journalisten nicht lustig gemacht, wirklich glaubte, er hätte es nicht getan. Dafür gibt es zwei plausible Erklärungen. Die erste ist noch sehr einfach zu verdauen: Trump sieht sich selbst natürlich als guten Menschen. Es kann gut sein, dass ihm seine Lüge in dem Moment, als er leugnete, nicht bewusst war. Unsere Psyche greift zu solchen Tricks, damit wir unser Selbstbild erhalten können. Selbst wenn es ganz offensichtlich ist, dass wir mittelschwer Scheiße gebaut haben, sucht unser Gehirn nach Ausflüchten. Die erste Wahl ist dabei in der Regel die einfachste: Leugnen. Manchmal glauben wir uns unsere Geschichte, manchmal nicht. Es ist von außen schwer bis gar nicht zu beurteilen, ob der Delinquent seine eigene Geschichte glaubt oder nicht.

Die zweite Möglichkeit ist, dass er tatsächlich vergessen hat, dass er diese geschmacklose Nummer gebracht hat. Wer schon mal eine Rede oder eine Präsentation vor ein paar Menschen gehalten hat, der weiß, wie aufregend das sein kann. Das Ganze vor ein paar Tausend Menschen, die johlen und klatschen, ist noch mal eine ganz andere Hausnummer. Klar, Trump ist diese Auftritte gewöhnt, aber selbst der abgebrühteste, erfahrenste Redner wird in solchen Momenten mit Adrenalin geflutet. Es macht etwas mit dir, wenn dir Tausende zujubeln und das Publikum auf deine Worte reagiert.

Ich kann ein Lied davon singen. In meiner Karriere habe ich schon unzählige Präsentationen, Seminare und Vorträge vor mehr oder weniger großen Gruppen gehalten. Wenn es dann richtig gut läuft und die Teilnehmer mitziehen, dann spendiert mein Gehirn mir einen Endorphin-/Adrenalin-Cocktail, der es in sich hat. Direkt nach dem Vortrag kann ich mich in der Regel nicht daran erinnern, was ich gesagt habe. Ich war im Rede-Tunnel. Erst nach und nach stellen sich die Erinnerungen ein und können von mir bewusst noch einmal reflektiert werden. Gut möglich, dass mein Gehirn in diesen Momenten schon mal vorsortiert. Je nachdem, wie man persönlich strukturiert ist, schaut man sich dann eher sein Verbesserungspotenzial an oder man feiert sich eher für den großartigen Auftritt. Beides hat seine Berechtigung. Wenn wir aber regelmäßig zu sehr zu einer Seite tendieren, dann ist das nicht hilfreich.

Zurück zu Trump. Dass der Mann kein Mann der Mitte ist, ist nicht zu übersehen. Was aber schwerer zu sehen ist, ist, dass er sich wirklich dafür hält und das seine Wirklichkeit ist. Die Frage, die wir in diesem Zusammenhang gern stellen, »Merkt der das denn nicht?«, kann aus meiner Sicht klar mit »Nein« beantwortet werden. In der Regel ist das fast immer die Antwort auf diese Frage. Die zielführendere Frage wäre: Wie erkläre ich es ihm so, dass er Lust darauf hat, sein Verhalten zu ändern? Ob das bei diesem Mann funktioniert, steht auf einem anderen Blatt. Er dient ja hier auch nur als Beispiel.

Drei Tipps, um der Wahrheit näher zu kommen

1. Akzeptiere, dass die Wahrheit im Auge des Betrachters liegt. Gern machen wir den Fehler, dass wir die Wahrheit des anderen mit einer Bewertung versehen und diese dann als Wahrheit stehen lassen. So nach dem Motto: Das, was du machst, ist falsch. Du siehst die Wahrheit nicht richtig. Das kann die andere Seite aber genauso für sich beanspruchen, und so führt diese Form der Auseinandersetzung zwangsläufig ins Leere. Der erste Schritt ist, zu versuchen, die Wahrheit des Gegenübers zu verstehen. Warum denkt er so? Wie kommt er zu seiner Meinung? Und was ist der Zweck? Damit kommen wir in der Regel weiter. Nicht immer, aber immer öfter.

2. Wahrheitsfindung braucht Ruhe und Gelassenheit. Im Sturm der Emotionen oder in hitzigen Diskussionen sind die Voraussetzungen dafür in der Regel nicht gegeben. Das heißt nicht, dass du dir keinen gepflegten Streit suchen darfst. Aber ein Streit ist eben ein Streit und nicht

Wahrheitsfindung. Die Kunst ist, das eine vom anderen zu unterscheiden.

3. Suche dir ein Vorbild. Ich halte es in diesem Zusammenhang mit Nelson Mandela. Ein Mann, der seinen Feinden die Hand reichte und versuchte, sie zu verstehen: »Niemand wird geboren, um einen anderen Menschen zu hassen. Menschen müssen zu hassen lernen, und wenn sie zu hassen lernen können, dann kann ihnen auch gelehrt werden zu lieben, denn Liebe empfindet das menschliche Herz viel natürlicher als ihr Gegenteil.«

12 Selbstbeherrschung
Der Herr im eigenen Haus

Arschlochfaktor:
Stress macht doof

Ich kann mich noch gut daran erinnern, wie es sich ange-fühlt hat, wenn Kunden mich schlecht behandelt haben. Das war damals in den Anfangstagen meiner Karriere, als ich noch als Texterin in Werbeagenturen gearbeitet habe. Den Kunden war es nicht einmal bewusst, dass sie mich schlecht behandelten, denn im Prinzip haben sie nur den Druck weitergegeben, unter dem sie selbst standen. In der Regel war es Zeitdruck. Außerdem bezahlten sie der Agentur viel Geld, da konnten sie ja wohl erwarten, dass alle sprangen, wenn sie »Hopp« riefen. Klar war das nicht so gemeint. Aber es wurde so gemacht … Immer wenn Druck im Spiel ist, egal in welcher Form, entsteht Stress.

Leider ist Stress nicht dafür gemacht, dass wir grundsätz-lich klüger werden und überlegtere Entscheidungen treffen: im Gegenteil. Stress ist dazu da, uns in lebensbedrohlichen Situationen zu retten. Okay, wenn ich als Marketingmanager bis morgen irgendwas präsentieren muss, dann ist das nicht lebensbedrohlich, aber trotzdem stressig. Unser Gehirn, in diesem Fall ein sehr alter Teil der grauen Masse, die Amygda-la, weiß das aber nicht. Sie merkt nur, »Oh, wird jetzt aber eng hier«, und leitet eine Stressreaktion ein. In dem Moment schränkt sie unser Verhaltensrepertoire auf Totstellen, Flüchten oder Kämpfen ein. Und nicht nur das, sie schaltet auch unser Sprachzentrum so weit wie möglich aus. Denn zu ihrer Ursprungszeit, als die Verantwortung für Stressreaktionen an sie fielen, waren geistige Reaktionen wie Ausdiskutieren oder alternative Lösungen suchen überhaupt nicht angesagt. Mit Säbelzahntigern zu diskutieren oder mit verfeindeten Stämmen eine alternative Lösung zu suchen hätte den sicheren Tod bedeutet. Also ging es primär darum, mit Stress eine möglichst überlebenssichernde körperliche Reaktion einzuleiten. Da macht es schon Sinn, dass Denkzentrum als Erstes lahmzulegen.

Was hat das mit unserem Marketingmanager zu tun? Na ja, würdevolles, wertschätzendes Verhalten gehört nicht zu unseren instinktiven körperlichen Reaktionen. Es ist ein geistiger Vorgang auf ziemlich hohem Niveau, für den jeder Mensch einen relativ stressfreien Rahmen braucht. Das soll keine Entschuldigung sein, aber je mehr Druck wir haben, umso wichtiger sind uns unsere eigenen Interessen. Kurz gesagt: Stress macht doof, und es bedarf einer geistigen Anstrengung, um unter Stress Würde an den Tag zu legen. Auch wenn unser Stress nicht lebensbedrohlich ist. Das weiß unser Gehirn im Grunde leider nicht. Stress ist Stress. Eine weitere Unterscheidung gibt es nicht. Abgesehen von der Stärke. Stress ist eine hormonelle Reaktionskette, die, einmal in Gang gesetzt, durchläuft, bis die Hormone verbraucht sind. Ob wir wollen oder nicht. Jeder hat das schon einmal erlebt, wenn er unter großem Druck versucht hat, sich zu beruhigen. Das klappt selten bis überhaupt nicht. Kein Wunder: Nur weil wir uns selbst Beruhigungsfloskeln sagen, werden die Hormone nicht sofort aus unserem System herausgespült. Solche Zusammenhänge sind uns nicht bewusst.

Wir sind Reiz-Reaktions-Maschinen. Ein Reiz, und schon reagieren wir. Zum Beispiel beim Autofahren, wenn die Ampel auf Rot springt. Dafür müssen wir nicht lange nachdenken: Reiz-Reaktion. Das ist auch gut so. In anderen Situationen mächtig unpraktisch. Zum Beispiel, wenn Schatzi mal wieder einen dieser weniger klugen Sätze raushaut, wie »Wir müssen auch mal wieder gründlich putzen«, wenn du gerade zwei Stunden aufgeräumt und Staub gewischt hast. Dann läuft ein Reiz-Reaktions-Muster bei dir durch, und Schatzi weiß gar nicht, was jetzt schon wieder nicht stimmt.

Zurück zu unseren Marketingmanagern, die ihren Druck oft ohne fühlbare Skrupel an uns arme Werbewürstchen weitergereicht haben. Es wurde wirklich oft »Hopp« gerufen, und für uns stand wieder eine Nachtschicht an. Schön geht auf jeden Fall anders. In einem dieser Momente habe ich mir geschworen: Wenn du mal auf der anderen Seite sitzt, dann machst du das nicht.

Wie es das Schicksal so wollte, dauerte es nicht lange, und ich saß auf der anderen Seite. Ich wurde von einem Unternehmen der Finanzdienstleistung abgeworben. Und wie sollte es auch anders sein, meine guten Vorsätze hielten kein halbes Jahr. Es ging beängstigend schnell, dass ich meine hohen Ansprüche an mich selbst über Bord warf und »Hopp« rief … Und zu meiner Schande muss ich gestehen, ich ertappe mich immer mal wieder dabei, dass ich solche Sätze von mir gebe wie »Ist schließlich sein Job« oder ich denke »Dafür hab ich immerhin bezahlt«.

Inzwischen weiß ich, dass sich so etwas nie ganz vermeiden lässt und dass wir immer mal wieder in diesen Zustand verfallen, an dem es uns an Selbstbeherrschung mangelt. Es ist ja auch nicht so ganz einfach zu entdecken, wo die Trennlinie zwischen Arschlochverhalten und schleichend einsetzendem Waschlappentum verläuft. Die Grenzen sind immer fließend. Und manchmal ist es tatsächlich auch einfach in Ordnung, wenn man auf die Erfüllung von Verträgen pocht.

Arschlochfallen:
Angst macht noch doofer

Angst ist im Übrigen auch so ein Faktor, unter dem wir alle Selbstbeherrschung über Bord werfen. Klar, Angst ist auch eine Form von Stress. Und auch Angst macht maximal blöd. Wenn wir Angst vor etwas haben, dann sind wir nicht mehr rational. Kein Wunder, denn in den guten alten Steinzeitzeiten war rationales Nachdenken über die eigene Angst auch nicht angesagt. Wer rational darüber nachdachte, ob der Grizzlybär nun wirklich so gefährlich wäre, um die Beine in die Hand zu nehmen und das Weite zu suchen, der hat in der Regel nicht lange überlebt. Tatsächlich schaltet extreme Angst sogar das Sprachzentrum aus. Sodass wir wirklich nicht mehr denken können.

Jeder, der mal Ärger mit dem Chef, Schatzi oder einem Bekannten hatte und dem in diesem Moment die Worte fehlten, kennt die Situation. Ein ganz einfacher Überlebensmechanismus greift in diesem Moment: Stress schaltet das Sprachzentrum ab. Denn unser altertümliches Gehirn hält jetzt Flüchten für angebracht. Blöd, dass das in unserer heutigen Zeit keine Option mehr ist. Und so stehen wir da und suchen nach einer passenden Antwort, welche wir erst finden, wenn wir fünfzehn Minuten später am Schreibtisch sitzen und das Adrenalin abgebaut ist.

Wenn wir beispielsweise Sorge haben, dass unser Lebensstandard gefährdet ist, dann haben wir mehr oder weniger Angst. Wie wahrscheinlich ist es dann, dass wir eine rational vernünftige Meinung entwickeln? Ein gutes Beispiel in diesem Zusammenhang sind Menschen, die durch Geflüchtete ihre Existenz bedroht sehen und zu menschenunfreundlicheren Meinungen tendieren. Auf der anderen Seite stehen Menschen, die kein Verständnis für diese Meinungen haben. Kein Wunder, denn sie haben in der Regel auch keine Angst.

Angst ist ein Gefühl, dass der, der sie nicht hat, nicht nachvollziehen kann. Wie auch, wenn man sie nicht hat. Und dann kommen so sinnvolle Erklärungen wie »Du brauchst keine Angst zu haben«. Mal ehrlich? Wann hat diese Erklärung jemals funktioniert, wenn du Angst hattest? Hast du dann gesagt: »Ach so, ich brauche keine Angst zu haben. Wie gut, dass mir das jemand sagt. Wäre ich von alleine nie drauf gekommen. Ist auch gleich schon viel besser …« Das funktioniert nicht. Selbstbeherrschung braucht Angstfreiheit!

Der Begriff Selbstbeherrschung klingt im ersten Moment so, als würden wir durch eine bewusste Anstrengung unsere niederen Gefühle im Zaum halten. Ist ja auch so. Das Problem dabei ist nur, dass viele dieser »niederen« Gefühle uns oft gar nicht bewusst sind. Sie haben viel öfter die Oberhand, als wir denken. Denn diese Gefühle sind oft mit Überlebensmechanismen verbunden, die ihren Sitz in sehr alten Gehirnregionen haben, und diese sind älter als die Teile, in denen unsere Ratio sitzt. Leider ist es so, dass diese Regionen immer zuerst im Spiel sind, wenn es um unsere Entscheidungen geht. Mit anderen Worten, wir entscheiden unbewusst und rechtfertigen das Ganze danach intellektuell.

Natürlich sind die Gründe, die wir für unsere Entscheidungen finden, immer gut, aber sie sind tatsächlich erst nachgelagert hinzugekommen. Werbe- und Marketingstrategen wissen das schon lange. Warum sonst machen beispielsweise Prominente Werbung für bestimmte Produkte. Beispielsweise George Clooney, der für Kaffee wirbt. Die meisten Menschen, die ich kenne, glauben, es ginge darum, Sympathie für das Produkt zu erzeugen. Das ist im weitesten Sinne auch so, und bei George Clooney mag das mit der Sympathie auch funktionieren. Aber es geht um etwas anderes, um den sogenannten social proof. Das bedeutet, wenn Clooney diesen Kaffee trinkt, dann muss der Kaffee gut sein. Schließlich kann der Mann sich jeden Kaffee der Welt leisten, aber er trinkt diesen.

Im Grunde handelt es sich bei diesen »Beweisen« nicht um Beweise. Denn bei Clooney müssen wir davon ausgehen, dass wir den gleichen Geschmack haben. Abgesehen davon sagt all das nichts über das Produkt aus. Ist uns aber egal, denn unser Unterbewusstsein hat sich bereits entschieden. Und egal, wie es sich entschieden hat, jetzt kommt die Ratio ins Spiel und liefert die entsprechenden Begründungen für unsere Entscheidung. Bewusste Selbstbeherrschung ist in diesem Szenario tatsächlich nicht am Start.

Die Entdeckung dieses etwas unwissenschaftlich erklärten Zusammenhangs hat vor rund dreißig Jahren die Wissenschaft in Aufruhr versetzt. Die Frage nach dem freien Willen stand auf dem Spiel. Einige Wissenschaftler bezweifeln die Idee des freien Willens übrigens bis heute. Wenn es nach ihnen ginge, sind wir unbewusst gesteuerte Biomasse mit einem Funken Intelligenz. Also nix mit Selbstbeherrschung. Verursacht hat diesen Aufruhr Benjamin Libet, der nachwies, dass einer Bewegung, die seine Probanden bewusst ausführten, Sekunden vorher ein Hirnimpuls voraus ging, dessen sich die Probanden nicht bewusst waren. Die bewusste Entscheidung fand später statt.[34] Der Versuchsaufbau war einfach. Die Teilnehmer sollten ihre Hand bewegen und dabei auf die Uhr schauen. Dann gaben sie zu Protokoll, wann sie die Entscheidung, die Hand zu bewegen, getroffen hatten. Währenddessen wurden ihre Hirnströme gemessen. So fand Libet heraus, dass der Entscheidungsimpuls vor der bewussten Entscheidung stattfand. Seitdem streitet die Wissenschaft trefflich über den freien Willen, denn dieses einfache Experiment zeigt noch nicht, dass der freie Wille nicht existiert. Es zeigt lediglich, dass Entscheidungen ein sogenanntes Bereitschaftspotenzial vorausgeht. Voraussagen lässt sich die Entscheidung anhand des gemessenen Potenzials jedoch nicht zuverlässig.

Wenn wir Kaufentscheidungen treffen, dann ist es sogar noch wesentlich komplizierter, denn hier kommen Emotionen ins Spiel. Selbst die einfache Clooney-Erklärung stimmt zwar zum Teil, ist aber doch wesentlich komplexer. Denn wir entscheiden nicht nur unbewusst, wir entscheiden emotional. Und wie und warum Emotionen entstehen, wie sie entstehen, hängt von den emotionalen Erfahrungen eines Menschen ab …

Jetzt schließt sich der Kreis. Wie soll ich jemandem rational etwas begreiflich machen, wenn er emotional entschieden hat, zum Beispiel, weil er Angst hat. Eine Angst, die ich nicht verstehe – ich hab sie ja nicht … Super Ausgangsposition … Politische Diskussionen werden auf der rationalen Ebene geführt.

Bei Kindern und Jugendlichen können wir unbewusst emotionales Entscheidungsverhalten super beobachten. Sie entscheiden nach dem Lustprinzip. Wenn ich meinem Sohn sage, er möchte bitte seine Pumahöhle aufräumen, dann macht er es erst mal nicht. Er spielt lieber Computer. Erst wenn ich das WLAN-Passwort ändere, räumt er fix auf, um das neue Passwort zu bekommen. Ganz klares Lustgewinn- und Unlustvermeidungsprinzip. Stelle ich ihm die typische Erwachsenenfrage: »Warum hast du nicht aufgeräumt?«, dann kann er dies nicht rational begründen, noch nicht! Wenn ja, dann kommen da ziemlich wilde, an den Haaren herbeigezogene Begründungen raus.

Mich amüsiert das, denn ich war in dem Alter nicht anders. Vor allem amüsiert mich, dass ich in dem Alter, genau wie mein Sohn, meine Begründungen für wahnsinnig schlau gehalten habe. Noch witziger: Es hat sich bis heute nichts geändert, nur heute glauben wir unsere eigenen Geschichten. Dabei geht es immer noch um Lustgewinn und Unlustvermeidung.

Noch ein Beispiel gefällig? Kein Mensch braucht ein Auto, das größer ist als normaler Golf-Kombi, Familien ab drei Kindern ausgenommen. Im Grunde braucht kein Mensch ein Auto. Jetzt hör dir mal zu, was jetzt in deinem Kopf für Argumente losstürmen. Nur die Nicht-Autofahrer sagen jetzt: »Stimmt …«

Arschlochbremsen:
Doch nicht so doof

In diesem Hirnfernsteuerungswirrwarr ist es sicher nicht leicht, sich selbst zu beherrschen. Es fällt uns ja schon schwer, die Schokolade mal nicht zu essen oder endlich morgens Sport zu machen. Schon in diesen einfachen Szenarien ist jedem klar, wie schwierig das mit der Selbstbeherrschung ist. Der Herr im eigenen Oberstübchen zu sein ist eine Kunst.

Grundsätzlich haben wir das auch drauf mit der Selbstbeherrschung. Schließlich kriegen wir es im Großen und Ganzen ja ganz gut hin, miteinander auszukommen. Wir haben sogar einen Selbstbeherrschungsleitfaden: den Knigge. Dort kann man nachlesen, wie wir uns in welcher Situation benehmen sollten. Bemerkenswert ist, dass der alte Knigge selbst am Anfang wohl keinen schnöden Benimmleitfaden im Sinn hatte. So hieß dann auch seine Erstausgabe »Über den Umgang mit Menschen«. Zu seiner Zeit ein durchaus bemerkenswerter Gedankengang, denn Adel und Bürgertum waren einander nicht besonders zugewandt. Darüber hinaus war der Mensch an sich noch kein Gleicher unter Gleichen, und somit gab es doch deutliche Unterschiede im Umgang untereinander. Eine Entwicklung, die auch heute nicht von der Hand zu weisen ist. Es scheint bei manchen Menschen einen Unterschied zu machen, welche Menschen man im Meer ertrinken lassen sollte und welche nicht … Ein wenig Selbstbeherrschung darf in dieser Hinsicht wohl durchaus einmal eingefordert werden.

Bei Selbstbeherrschung geht es darum, sich selbst zu beherrschen. Herrin im eigenen Haus zu sein. Das scheinen viele Menschen immer mal wieder zu vergessen. Wie die Hundegeschichte zeigt, gehöre ich offensichtlich auch zu dieser Gruppe. Grundsätzlich ist das auch nicht schlimm. Es ist menschlich, wenn mit uns die sprichwörtlichen Pferde durchgehen. Die Frage ist aber immer: Wie kriegen wir die Gäule wieder eingefangen?

Um bei der Hundegeschichte zu bleiben, gibt es in diesem Zusammenhang mehrere mögliche Reaktionen. Die erste wäre, sich über das unglaublich dämliche Gegenüber wahnsinnig aufzuregen. Was übrigens meine erste Wahl war. Ich habe gleich einen Podcast und einen Facebook-Post daraus produziert. Schon mit Learnings, aber natürlich nicht für mich. Ich war ja die Gute in diesem Szenario. Im Prinzip habe ich meine Selbstbeherrschung ein zweites Mal verloren, habe dies aber intellektuell verpackt. Es hat eine Weile gedauert, bis mir das aufgefallen ist. Und dann kam ich erst zur zweiten möglichen Reaktion, nämlich die zu fragen, was ich denn in dieser Situation hätte besser machen können. Bei sich selbst anzufangen ist immer die beste Lösung. Tun wir aber sehr selten. Wenn wir die Beherrschung verlieren, in welcher Form auch immer, dann begründen wir dies mit den Geschehnissen im Außen. Wir zelebrieren Schuldumlastung. Wir sind nicht schuld daran, dass wir gepflegt ausgerastet sind. Das sind die Umstände im Außen. In meinem Fall der andere Hundebesitzer. Dass ich meinen Hund auch nicht immer im Griff habe, habe ich dabei natürlich fein ausgeblendet.

Zu meiner Zeit in der Finanzdienstleistung hatte mein damaliger Chef eine sehr temperamentvolle Assistentin. Fachlich super, selbstbeherrschungstechnisch ausbaufähig. Irgendwann brüllte sie den ganzen Laden zusammen, weil ein Kollege ihr das heiße Teewasser weggeschnappt hatte. Da sie wusste, wer es war, stürmte sie in sein Büro und faltete ihn nach allen Regeln der Kunst lautstark zusammen, um danach in Tränen aufgelöst aus seinem Büro zu stürmen. Ich gebe zu, diese Szenen hatten echten Unterhaltungswert, waren auf Dauer aber auch recht anstrengend. Denn jeder musste befürchten, früher oder später unfreiwilliger Protagonist dieser Bürosoaps zu werden. Natürlich war es nie ihr Fehler. Es waren immer die anderen. Ich bin einmal bei ihr in lautstarke Ungnade gefallen, weil ich das letzte von einem Vorstandsmeeting übrig gebliebene Brötchen gegessen habe. Ich weiß nicht mal, ob sie es haben wollte oder ob ich einfach nur der Arsch war. Ich weiß aber noch genau, wie sie in mein Büro stürmte. Im Nachhinein ist die Szene echt witzig, in dem Moment war sie das nicht.

Selbstbeherrschung hat vor allem etwas damit zu tun, die Gründe nicht im Außen zu suchen, sondern immer erst einmal bei sich selbst zu schauen. Dass die Nummer mit dem Teewasser ärgerlich war, keine Frage. Die Frage ist, ob die Reaktion darauf angemessen war. Ich lehne mich jetzt mal aus dem Fenster und behaupte: eher nicht. Es hätte vollkommen gereicht, zu dem Kollegen zu gehen, ihn darauf hinzuweisen, dass das Teewasser nicht für ihn bestimmt war und dass er sich jetzt aufmachen dürfe, neues zu kochen. So wie ich den Kollegen in Erinnerung habe, hätte er bestimmt nicht Nein gesagt. Vermutlich hat er es nicht einmal mit Absicht getan. Und auch das ist immer eine gute Ausgangsannahme: grundsätzlich niemandem eine böse Absicht zu unterstellen. Auch das machen wir gern, wenn uns die Selbstbeherrschung entgleitet.

Drei Tipps, um kein unbeherrschtes Arschloch zu sein

1. Immer wenn wir glauben, jemand anderes oder die Umstände seien schuld an unserem Verhalten, können wir davon ausgehen, dass das nicht der Fall ist. Nicht immer, aber meistens hatten wir andere Erwartungen an Personen oder Umstände, die dann nicht eingetreten sind, und genau das lässt uns die Beherrschung verlieren. Die eigene Erwartungshaltung und die Realitätswahrscheinlichkeit zu überprüfen hilft ungemein. Auch im Nachhinein.

2. Wenn du mal die Beherrschung verlierst: So what? Das ist menschlich. Jetzt ist die Frage, ob du im Arschlochmodus stecken bleibst oder fürs nächste Mal etwas änderst. Aus Fehlern zu lernen ist der beste Weg in die arschlochfreie Zone.

3. Wer könnte in der Hinsicht ein gutes Vorbild sein? Wie wäre es denn mit dir selbst? Wann hast du das letzte Mal die Beherrschung verloren und doch später oder noch währenddessen die Kurve bekommen? Situationen, die wir selbst gemeistert haben, sind die besten Vorbilder, denn sie sind mit persönlichen Erfahrungen hinterlegt. Außerdem ist man kein Arschloch, wenn man feststellt: »Ach, guck mal, da bin ich schon auf einem sehr guten Weg.« Weiter so!

Humor
Seid zur Heiterkeit bereit

Arschlochfaktor:
Auf Kosten anderer

»Humor ist die Fähigkeit und die Bereitschaft, auf bestimmte Dinge gelassen und heiter zu reagieren.« So steht es im Duden. Das ist doch mal eine bemerkenswerte Definition. Im Alltag geht es bei Humor doch eher um Witze und darum, sich über etwas lustig zu machen. Aber Gelassenheit hatte ich persönlich nicht auf dem Schirm. Humor scheint also etwas zu sein, was doch vielschichtiger ist, als man es auf den ersten Blick vermuten könnte. Er ist sogar so vielschichtig, dass inzwischen dazu geforscht wird. Nicht ohne Grund, denn Humor hilft beispielsweise, über schwere Zeiten im Leben hinwegzukommen. Das ist nun keine Raketenwissenschaft. Inzwischen weiß man aber schon wissenschaftlich zuverlässig, dass Humor beim Heilen hilft. Und um den Bogen zur Gelassenheit zu spannen: Humor hilft uns, die Absurditäten unseres Lebens zu meistern. Menschen mit einem guten Humor und Spaß am Lachen, ohne dabei ständig albern zu sein, sind in der Regel sehr angenehme Zeitgenossen. Erstaunlich ist, dass aber auch die unangenehmen, humorlosen Zeitgenossen für sich in Anspruch nehmen, Humor zu haben. Jeder Mensch behauptet von sich, Humor zu haben. Ich habe zumindest noch niemanden getroffen, der von sich behauptet, völlig humorbefreit zu sein, und doch kenne ich ein paar Menschen, die ziemlich wenig Humor haben … Paradox!

Wenn wir auf die Geschichte von Donald Trump und dem behinderten Journalisten zurückkommen, dann gehe ich einfach mal davon aus, dass Trump sich in dem Moment als humorig empfunden hat. Und es ist auch nichts gegen Behindertenwitze einzuwenden. Die meisten behinderten Menschen erzählen die besten Behindertenwitze. Daran kann es also nicht liegen. Bei Trump war es definitiv das Setting. Und noch mehr: Es ging darum, jemanden zu diskreditieren. Da hört der Spaß auf, und der Arschlochmodus steht auf 100 Prozent. Macht und Humor schließen sich nicht aus, aber es braucht ein wahnsinnig gutes Gespür und vor allem die Fähigkeit, über sich selbst zu lachen. Mächtige Menschen mit einem guten Sinn für Humor lachen in erster Linie über sich selbst. Im Grunde ist es das schon: Wer über sich selbst mehr lacht, als sich über andere lustig zu machen, mit dem lachen wir dann auch gern über uns.

Ein Beispiel, das an dieser Stelle gut passt, ist die bereits zu Beginn des Buchs erwähnte Szene aus meiner Reitschulzeit. Wer schon mal auf YouTube oder Facebook Videos gesehen hat, wie Menschen von Pferden fallen, der weiß, dass dieses Hobby auch viel unfreiwillige Komik zu bieten hat. Das Mädchen, dem damals eines der Rodeopferde zugeteilt wurde, stand schon vor der Reitstunde ziemlich neben sich und hatte Angst. Kurz nach dem Aufsteigen buckelte ihr Pferd in bester Rodeomanier los, während wir anderen noch inmitten unserer Pferde standen und das Schauspiel beobachteten. Als es im Sand landete, konnte ich nicht mehr, ich hab mir fast in die Hose gepinkelt vor Lachen. Anfangs konnte ich mich noch zusammenreißen, aber der Hilferuf des Mädchens hatte mir den Rest gegeben. Und nicht nur mir, aber die anderen hatten sich offensichtlich besser im Griff als ich mich.

Humor war das, was ich da an den Tag gelegt habe, nicht. Das war Schadenfreude. Und genau das ist es, was uns lachen lässt, wenn wir »Pleiten, Pech und Pannen« anschauen. Ich muss gestehen, dass ich dabei Tränen lache. Mein Schadenfreudepotenzial ist in dieser Richtung enorm hoch. Trotzdem hat es eine Grenze: Wenn sich jemand verletzt, dann ist es bei mir schlagartig mit der Schadenfreude vorbei. So hatte sich das Mädel aus meiner Reitschule ja nicht verletzt, und damit war es für mich okay. Für sie aber nicht, denn sie hatte Angst. Und aus ihrer Sicht habe ich darüber auch gelacht. Was selbstverständlich nicht in Ordnung war. Das Problem: Diesen Zusammenhang habe ich damals nicht verstanden. Guter Humor ist intelligent und setzt Wissen voraus. Das mit dem Wissen war bei mir zu dem Zeitpunkt noch nicht so ausgeprägt.

Arschlochfallen: Wenn die Humorpolizei kommt

Aber es braucht noch mehr für Humor und damit auch dafür, kein Arschloch zu sein. Nämlich die Fähigkeit, über sich selbst zu lachen. Wer über sich selbst lachen kann, nimmt sich selbst nicht so wichtig. Und schon ist man in der arschlochfreien Zone. Jeder, der sich zu wichtig nimmt, läuft Gefahr, zum Arschloch zu mutieren. Ich habe irgendwo mal gehört, dass »wichtig« von »Wicht« abstammen soll. Finde ich ganz lustig, hielt einer näheren Recherche leider nicht stand. Es stammt zwar von dem mittelhochdeutschen »Wicht«, welches aber »Gewicht« bedeutet. Der »Wicht« stammt von »Wiht«, was so viel wie »Wicht« bedeutet. Ende des Klugscheißermodus.

Klugscheißen ist übrigens auch so eine humorlose Angewohnheit, derer ich mich nicht entziehen kann. Da tappe ich immer wieder in die Arschlochfalle. Wie gerade eben. Am Ende ist es doch egal, woher das Wort stammt, oder? Schließlich ging es in diesem Zusammenhang doch darum, dass man sich selbst nicht so wichtig nehmen sollte, um Humor an den Tag legen zu können. Wer dann aber in den Klugscheißermodus rutscht, der beweist eben keinen Humor. Wie war das noch? Humor ist, wenn man trotzdem lacht. Im Klugscheißermodus erzählt man den Witz nicht nur, man erklärt ihn auch noch. Das ist eher nicht witzig. Wer einen Witz analysiert, ist entweder Humorforscher oder hat den Witz nicht verstanden. Der Witz ist, dass der Witz nach der Analyse nicht mehr witzig ist. Humor ist schon eine komische Sache.

Noch mal: Humor ist, wenn man trotzdem lacht. Denn im Lachen können Widersprüche bestehen bleiben. Es geht dabei nicht um Political Correctness: im Gegenteil. Wenn ich mir von Monty Python »Life of Brian« anschaue, dann wird genau das deutlich. Wenn die Gekreuzigten »Always look on the bright side of life« singen, dann ist das ein maximaler Widerspruch und urkomisch. Oder bei Loriot, wo ein Feuerwehrmann einem Brandopfer erst einmal die Funktion der neuen Feuerspritze erklärt, während das Haus abbrennt ... Übrigens eine der besten Funktionen des Humors: schwierige Umstände aus der Verzweiflungsecke herauszukatapultieren. Wer fröhlich sich die Glatze föhnt, hat mit dem Schicksal sich versöhnt.

Vermutlich liegt es an der Vielfalt der Komik an sich, warum es mit dem Humor nicht ganz so einfach ist und warum es so viele verschiedene Formen gibt. Selbst die Wissenschaft der Gelotologie (die Humorforschung) – ja, die gibt es wirklich – unterscheidet bis zu 2500 verschiedene Formen.[35] Kein Wunder, dass wir uns sogar über den Humor uneinig sind. So werden wir schnell in den Augen der einen zum humorlosen Arschloch, während diese es für uns sind. Toleranz ist gefragt. Umfragen zufolge glaubt jeder dritte Deutsche, er würde überdurchschnittlich häufig über sich selbst lachen. Wer dieses Ergebnis mal in seinem Umfeld prüft, wird schnell feststellen: Da stimmt doch was nicht. Die Menschen halten sich für witziger, als sie es sind.[36] Was einen nicht wundert, schließlich ist Humor als Charaktereigenschaft hoch positiv besetzt. Ich bin mir ziemlich sicher, dass auch der Bürgermeister von Monheim sich für einen humorvollen Zeitgenossen hält, und auf seinem Humorterrain ist er das vermutlich auch.

Arschlochbremsen:
Warum Humor Gelassenheit braucht

Humor zeichnet sich vor allem durch Gelassenheit aus. Warum? Na ja, wenn man trotzdem lacht und eben nicht verzweifelt oder sauer wird, dann hat das etwas mit Gelassenheit zu tun. Wer sich darüber aufregt, ob ein Witz unangemessen ist, der ist vermutlich nicht besonders gelassen.

Über das zu lachen, was wir nicht begreifen, was wir nicht wahrhaben wollen und was uns eigentlich zur Verzweiflung bringen sollte, ist ein wunderbarer Mechanismus, das Leben nicht so schwerzunehmen. Natürlich können wir nicht über alles lachen, was uns schwerfällt, aber eben über so viel wie möglich.

Vera F. Birkenbihl erklärt den Sachverhalt, warum wir über grenzwertige Witze am lautesten lachen, in ihrem Vortrag »Humor in unserem Leben« wie folgt: Stell dir ein Barometer vor. Am unteren Ende ist die Stimmung neutral. Die nächste Stufe ist ein leichtes Lächeln, dann ist man amüsiert, dann lacht man normal und dann aus vollem Hals. Danach kommt sofort die »Nicht lustig«-Stufe. »Nicht lustig« heißt in diesem Fall, man wird sauer. Zwischen der »Lacht aus vollem Hals«- und der »Nicht lustig, ich bin sauer«-Stufe ist ein schmaler Grat. Diesen bezeichnet Birkenbihl als »Übergangsbereich« und sagt, dass hier die besten Witze angesiedelt sind. Somit sind die wirklich guten Witze ein Balanceakt zwischen lustig und geschmacklos. Ob ein Witz nur lustig oder schon geschmacklos ist, hat nicht so viel mit dem Witz an sich zu tun, sondern mit dem Witzempfänger. Die Witze, die beispielsweise Kay Ray macht, finden viele Menschen ziemlich komisch. Der Bürgermeister von Monheim offensichtlich nicht.

Natürlich ist es nicht leicht, etwas einfach so stehen zu lassen, was man selbst als geschmacklos oder sogar als diskriminierend empfindet. Aber auch das gehört zum Humor. Den Humor der anderen aushalten zu können und zu unterscheiden, wann aushalten okay ist und wann man aufstehen sollte.

1998 wurde der Popstar George Michael von einem Under-coverpolizisten in einer öffentlichen Toilette wegen ungebührlichen Verhaltens verhaftet. Ich persönlich finde den ganzen Sachverhalt urkomisch. Da kommen zwei erwachsene Männer auf einer Herrentoilette zusammen, um ganz offensichtlich einen Sexpartner zu finden. Was soll's? Aber das war zu der Zeit in Amerika eben strafbar. Und für solche Delikte gab es tatsächlich undercover arbeitende Polizisten. Was für ein unendlich bekloppter Job, erwachsene Menschen vor einvernehmlichem Sex zu bewahren. Egal … Dass nun ausgerechnet ein Weltstar, der noch kein glasklares Coming-out hingelegt hatte, hierbei erwischt und verhaftet wurde, war selbstverständlich eine Sensation. Später drehte George Michael einen Videoclip zu seinem Hit »Outside« über diesen Vorfall und nahm dabei die Polizei und sich selbst auf die Schippe. Chapeau! Das nenne ich Humor: sich über einen höchst peinlichen Vorfall, in dem man selbst die Hauptrolle spielte, lustig zu machen.

Humor hilft uns, kein Arschloch zu sein. Gerade peinliche Situationen können mit Humor hervorragend aufgelöst werden. Zu meinem Job gehört es, unter anderem Vorträge auf Firmenveranstaltungen, Messen etc. zu halten. Und am Anfang meiner Selbstständigkeit habe ich die Vorträge massiv unterschätzt. Ich dachte »Wird schon nicht so schwer sein«. Als ich dann meinen ersten größeren Vortrag hielt, fiel mir diese Einstellung massiv auf die Füße. Ich war schlecht vorbereitet und habe weiß Gott keinen brillanten Vortrag abgeliefert. Es ging zwar einigermaßen, aber ich war maximal unzufrieden mit meiner Performance. Ich habe die Hälfte vergessen und ziemlich viele Anschlussfehler gemacht. Ungefähr eine Woche habe ich mich darüber geärgert, dann habe ich angefangen, es mit Humor zu nehmen. Ich fing an, über meine professionelle Naivität zu lachen. Und was soll ich sagen? Durch diese Änderung meiner Haltung und die Aktivierung meines Humors habe ich aus diesem weniger glorreichen Auftritt wahnsinnig viel gelernt. Kurz danach habe ich wieder diesen Vortrag gehalten und Standing Ovations bekommen. Ich glaube nicht, dass dieser Erfolg und der ihm vorausgehende Lernschritt möglich gewesen wären, wenn ich mein Scheitern nicht mit Humor genommen hätte. »Scheiter heiter!« ist eine der besten und zugleich härtesten Weisheiten, denn sie setzt voraus, dass wir den Graben aus Scham überwinden. Keine leichte Aufgabe. Jeder, dem schon mal etwas echt peinlich war, weiß, wovon ich spreche.

Drei Tipps, um kein humorloses Arschloch zu sein

1. Nimm dich und das Leben nicht allzu ernst. Du kommst hier sowieso nicht lebend raus. Außerdem hast du nur ein Leben! Es ist deine Entscheidung, ob du lieber darüber lachen oder daran verzweifeln möchtest. Ich persönlich halte es da lieber mit Ersterem.

2. Lache jeden Tag einmal. Es reicht ein Lächeln für eine Minute, und dein Hormonhaushalt spendiert dir ein paar Endorphine. Hast du gerade nichts zu lachen, reicht es, wenn du dir einen Bleistift für eine Minute zwischen die Zähne klemmst. Forscher haben herausgefunden, dass genau das die Stimmung hebt und Stress reduziert.[37] So machst du dich zur Heiterkeit bereit, auch wenn du

gerade mal nicht so gut drauf bist. Und wer heiter durch die Welt geht, reduziert seinen eigenen Arschlochfaktor ungemein.

3. Nein, diesmal kein Vorbild. Obwohl es natürlich nicht schadet. Noch ein Tipp, der die Stimmung hebt und dich auf »Humor« einstellt. Schaue dir jeden Tag einen lustigen Clip von einem Comedian an. Es muss ja nichts Langes sein. Fünf Minuten reichen vollkommen. Du tust eine Menge, um deine fröhlichen Hormone zu aktivieren und damit auch wieder heiter in die Welt hinauszuschreiten. Fröhliche Menschen mit fröhlichen Hormonen sind in der Regel keine Arschlöcher!

14 Selbst-bewusst-Sein
Von der Kunst zu sein

Arschlochfaktor:
Die buckelige Verwandtschaft

Unser Gehirn ist schon ein wahnsinniges Instrument. Im wahrsten Sinne des Wortes. Je mehr ich im Laufe meiner Arbeit über dieses Organ lerne, umso mehr wundert es mich, dass wir nicht alle total verrückt sind. Wir machen so viele unbewusste Denkfehler, dass es gar nicht so abwegig wäre, wenn wir noch in den Steinzeithöhlen unserer Vorfahren säßen. Tun wir aber nicht. Offensichtlich halten sich Denkfehler und Denkfortschritt mindestens mal die Waage. Erstaunlich, denn das Verhältnis von bewusstem zu unbewusstem Denken fällt ganz eindeutig nicht zugunsten des bewussten Denkens aus.

Vera F. Birkenbihl nutzt dazu folgenden Vergleich:[38] Wenn wir uns unser Bewusstsein und unser Unbewusstes als Strecke vorstellen, dann ist unser Bewusstsein 15 Zentimeter und unser Unbewusstes elf Zentimeter lang. Das ist schon ein ziemlicher Unterschied. Birkenbihl feixt dann ein wenig darüber, dass viele Menschen sich bei ihr beschweren, wie klein ihr Bewusstsein doch sei. Sie findet, dass diese Menschen das falsch sehen: Ihr Unbewusstes ist so wahnsinnig groß. Ihr Bewusstsein wird dadurch doch nicht kleiner. Ich habe eine Weile gebraucht, bis ich die Weisheit hinter dieser Aussage kapiert habe: Wer Bewusstsein und Unbewusstes vergleicht, der wird sich schnell wie eine reine Reiz-Reaktions-Maschine vorkommen und sich damit abwerten. Wem aber klar wird, was für ein mächtiges Werkzeug diese 15 Zentimeter sind, der hat den Schlüssel zur Freiheit in der Hand.

Natürlich sind die Begriffe Bewusstsein und Unterbewusstsein hochgradig unwissenschaftlich. Sie dienen in diesem Zusammenhang einfach nur dem Verständnis. Die Kunst, kein Arschloch zu sein, hängt meiner Ansicht nach nicht zwingend von wissenschaftlich sauber hergeleiteter Begrifflichkeit ab. Sondern davon, ob wir unsere Gedanken beherrschen, ob unser Gehirn unser Diener oder unser Meister ist. Dabei ist Einsicht, wie sooft, der erste Schritt zur Besserung. Einsicht, dass wir zunächst einmal nicht so viel mehr als wahnsinnig intelligente Affen sind. Affen, die den Funken des Prometheus in sich tragen. Manche merken es und machen etwas daraus, andere wiederum nicht.

Das mag daran liegen, dass wir 98,7 Prozent unserer Gene mit Affen gemeinsam haben. Es steckt sehr viel von unseren haarigen Verwandten in uns. Kein Wunder also, dass wir uns häufig wie solche verhalten. Da gewinnen die elf Zentimeter beziehungsweise die 98,7 Prozent die Oberhand und treffen Entscheidungen, die zwar einer Affenhorde würdig, aber nicht der Krone der Schöpfung angemessen sind. Vielleicht ist das eine Idee, die wir zwischendurch mal weiterverfolgen könnten. Der Mensch ist die Krone der Schöpfung. Das glauben ja auch viele Arschlöcher. Dann ist es an der Zeit, sich auch mal so zu verhalten. Meiner persönlichen Vorstellungskraft entzieht es sich irgendwie, dass so ein göttliches Geschöpf andere göttliche Geschöpfe im Mittelmeer ertrinken lässt oder an Grenzen in Lager einpfercht, die in Deutschland nicht mal mit dem Tierschutzgesetz konform wären. Und ich kann mir nicht helfen, aber ich glaube auch nicht, dass die Krone der Schöpfung im Internet anonym Hasskommentare postet.

Arschlochfallen: Die Reiz-Reaktions-Maschine

Die Kunst, nicht in Arschlochfallen zu tappen, ist, immer wieder zwischen Reiz und Reaktion Bewusstsein zu schalten. Das wird nicht immer gelingen, und wenn es gelingt, dann ist es häufig wahnsinnig anstrengend. Viele werden das einfache Kinderspiel kennen, in dem man dazu aufgefordert wird, dreimal hintereinander ganz schnell »Knilch« zu sagen: »Knilch, Knilch, Knilch.« Darauf folgt sofort die Frage: »Was trinkt die Kuh?« In der Regel ist die Antwort »Milch!« Nun trinken Kühe Wasser und keine Milch, das kriegt die Reiz-Reaktions-Maschine zwischen unseren Ohren aber nicht so schnell auf die Kette, weil dafür das langsame, bewusste Denken erst einmal anspringen müsste. Da wir aber schnell antworten sollen und auch wollen, haut unser Hirn die nächstliegende Assoziation raus, und die ist eben nicht »Wasser«.

Beim Autofahren ist es ähnlich. Wenn jemand vor, hinter oder neben uns einen Fahrfehler begeht, denken wir auch nicht: »Ach, herrje, das ist mir auch schon mal passiert. Da hab ich jedes Verständnis der Welt für.« Viel wahrscheinlicher ist, dass wir losmotzen, was das Zeug hält.

Selbstbewusstsein hat viele Facetten. In der Regel nutzen wir das Wort im heutigen Sprachgebrauch im Sinne von

Selbstsicherheit. Für mein Dafürhalten ist das jedoch nicht Selbst-bewusst-Sein. Das ist eben Selbstsicherheit. Beide Begriffe sind eng miteinander verbunden, denn wer sich seiner selbst sicher ist, hat es mit dem Selbstbewusstsein leichter. Wer jetzt an die Typen (Frauen ausdrücklich eingeschlossen) denkt, die mit einem Gehabe wie eine offene Hose durch die Gegend rennen: Die sind nicht gemeint. Sich seiner selbst sicher zu sein bedeutet vor allem, sein eigenes Wertegefüge, seine Stärken und Schwächen zu kennen und damit in Frieden zu sein. Übersteigertes Selbstbewusstsein geht häufig mit innerer Ablehnung von eigenen Persönlichkeitsmerkmalen einher. Merkmale und Verhaltensweisen, die in der Regel überspielt oder sogar aktiv ausgeblendet werden. Ein Mechanismus, den jeder Mensch für die eigene Psychohygiene am Start hat. Ja, wirklich jeder. Er ist aber nicht bei allen gleich stark ausgeprägt beziehungsweise auch nicht überall gleich stark vonnöten.

Im Fall von fast allen Sportlern, die dopen, ist in der Regel das Psychohygiene-Putzteam am Start. Selbstverständlich halten diese Sportler sich für gute, faire Menschen und nicht für Betrüger. Andernfalls würden sie verrückt werden. Wer sich noch an die Parteispendenaffäre um Helmut Kohl erinnert, konnte damals zusehen, wie Kohls Psychohygiene-Putzteam vor der Weltöffentlichkeit ganze Arbeit leistete. Kohl berief sich damals darauf, dass er sein Ehrenwort gegeben hätte, nichts zu diesem Sachverhalt zu sagen. So wurde ein Betrug zu einer Ehrensache gedreht. Öffentlich hat das nicht funktioniert, aber in seinem Kopf ganz bestimmt.

Unsere Psyche will, dass wir gut sind. Wir haben ein Selbstbild von uns, das wir mit allen bewussten und unbewussten Mitteln verteidigen, auch mit der Verschiebung von Realität. Ob Kohl der Widerspruch seines Verhaltens bewusst war, kann ich nicht sagen. Was ich aber sagen kann, ist, dass wir alle diese Verhaltensweisen an den Tag legen, um unser Selbstbild aufrechtzuerhalten. Die Frage ist nur: Wie weit sind wir bereit zu gehen?

Tyler Hamilton[39], Team- und Dopingkollege von Lance Armstrong, war bereit, sehr weit dafür zu gehen. Als ihm klar wurde, dass er ohne Doping nicht in der Weltspitze mitfahren könnte, ließ er sich darauf ein. Heute spricht er offen über seine damaligen Entscheidungen, wie er diese vor sich selbst immer wieder rechtfertigte und wie es ihm immer schlechter damit ging. Er spricht öffentlich darüber, dass er nicht stolz auf seine Geschichte ist, aber dass er stolz darauf ist, dass er endlich so offen darüber sprechen kann. Kaum jemand spricht so offen wie er über die eigene Dopingkarriere. Ist ja auch nicht einfach, sich hinzustellen und öffentlich zu sagen: »Ja, ich war ein Arschloch. Und nicht nur irgendein kleines. Nein, ich war ein fulminantes Riesenarschloch!«

Ich ziehe meinen Hut vor Hamilton, der sich immer wieder auf Bühnen stellt und darüber erzählt, wie er langsam, aber sicher immer mehr in die Scheiße rutschte. Er erzählt, wie du gefeiert wirst, solange du gewinnst, und was für ein Gefühl es ist, der Held zu sein. Andererseits konnte er das Gefühl, dass die Erfolge nicht echt sind, nie ganz abstellen. Im Jahr 2003, als er auf dem Gipfel seines Erfolgs angekommen war, wurde bei ihm eine klinische Depression diagnostiziert. Sein Psycho-Putzteam war offensichtlich nicht gründlich genug. Nun könnte man meinen, dass er sich ja ganz einfach aus diesem Sumpf hätte befreien können. Einfach mal die Wahrheit sagen, und gut ist.

Wenn das mal so einfach wäre. Der Druck des Umfelds ist wahnsinnig hoch. Und Hamiltons Umfeld hatte keinerlei Interesse daran, dass irgendjemand ausscherte. Nach seiner Darstellung gab es nur zwei Optionen: Nichts sagen oder sich als absoluten Einzeltäter darstellen. Das waren die ungeschriebenen Gesetze im Radsport. Und es hat einen Grund, warum ungeschriebene Gesetze ungeschrieben sind. Weil es in der Regel Arschlochgesetze sind …

Hamilton hielt sich trotzdem dran, bis ein FBI-Agent ihn direkt ansprach. Für ihn der letzte Moment, reinen Tisch zu machen. Und er hat ihn genutzt. In einem seiner Vorträge endet Hamilton mit der Frage: Wenn dich deine vergangenen Taten einholen, wirst du in Lage sein, dich ihnen zu stellen?

Eine gute Frage! Meiner Ansicht nach geht es nicht darum, immer in der arschlochfreien Zone unterwegs zu sein. Ich glaube auch nicht, dass das wirklich funktioniert. Es geht darum, zu sich und zu dem, was man tut und lässt, zu stehen. Das muss nicht in der Öffentlichkeit sein. Es reicht vollkommen aus, sich für sich selbst damit auseinanderzusetzen. Denn das ist schon schwer genug, allerdings immer die Voraussetzung für eine Änderung. Wenn es uns gelingt, unsere vergangenen Arschlochmomente zu identifizieren, zu ihnen zu stehen und es beim nächsten Mal besser zu machen, dann sind wir schon einen riesigen Schritt weiter.

Arschlochbremsen:
Fehler mit Kultur

Im Mai 2019 veröffentlichte NBC Sports ein Interview mit Lance Armstrong, in dem er offen über Doping und sein ziemlich ätzendes Verhalten während seiner aktiven Tour-de-France-Zeit spricht[40]. In diesem Interview kommt er vollkommen anders rüber als noch in seinem spektakulären Interview, das Oprah Winfrey mit ihm führte, in dem er erstmals die gegen ihn erhobenen Dopingvorwürfe verifizierte. 2019 spricht er offen darüber, dass er zu Zeiten des Interviews mit Oprah noch nicht wirklich einsichtig war und dass er versuchte zu retten, was zu retten war. Er spricht darüber, dass er sich während der Tour wie ein Top-Arschloch benommen hat, wenn er auf Doping angesprochen wurde.

Ob man Armstrong nun sympathisch findet oder nicht, sei dahingestellt. Bemerkenswert an diesem Interview ist, dass er akzeptiert, ein unglaubliches Arschloch gewesen zu sein und dass nichts, was er jetzt sagt oder tut, das wieder ändern kann. Er akzeptiert, dass er damit schlicht und ergreifend leben muss. Und ihm ist klar, dass es genau diesen Weg brauchte, um genau dahin zu kommen, wer und wo er heute ist. Ohne dabei die Fehler, die man gemacht hat, zu betrauern. Betrauern und bedauern sind in diesem Kontext ein Unterschied. Das Selbst-bewusst-Sein bedauert, ohne zu betrauern. Die meisten Menschen betrauern ihre Fehler und bleiben so in der Vergangenheit stecken. Etwas zu bedauern und trotzdem zu erkennen, dass es diesen Fehler gebraucht hat, um ein besserer Mensch zu werden, braucht Selbst-bewusst-Sein.

Eine positive Fehlerkultur ist dabei unerlässlich. Dies haben die Amerikaner den Deutschen auf jeden Fall voraus. In Amerika wird dir grundsätzlich verziehen, wenn du deine Fehler eingestehst. Du kannst sicher sein, eine zweite Chance zu bekommen. Um eine Lanze für Deutschland zu brechen: Ich habe den Eindruck, langsam, aber sicher ist es hier auch so weit. Wenn ich mir das Beispiel von Uli Hoeneß anschaue, dann glaube ich, ist auch Deutschland bereit, zweite Chancen zu geben. Eines ist aber sicher: Wer nicht zu seinen Fehlern steht, bleibt in der Vergangenheit stecken und hat keine Möglichkeit, sich weiterzuentwickeln. Weiterentwicklung findet nur statt, indem man sich eingesteht, dass man Mist gebaut hat. Der zweite Schritt ist, damit Frieden zu schließen, dass man es nicht wiedergutmachen kann. Es wird immer Mist bleiben.

Mir persönlich fällt dieser Part am schwersten. Ich würde meinen Mist gern schönreden und mit Glitzer versehen, damit er wieder gut wird, obwohl ich weiß, dass es dann immer noch Mist ist, nur eben Mist, der funkelt. Das ist der Part, der mich an dem NBC-Sports-Interview mit Lance Armstrong am meisten beeindruckt hat. Armstrong kann sich hinstellen und sagen: »Jepp, war richtig scheiße, was ich da gemacht habe. Ich war ein Riesenarschloch.« Ohne es schönzureden und ohne etwas ändern zu wollen. Und er gibt zu, dass ihn das eine Menge Therapie- und Coachingsitzungen gekostet hat.

Selbst-bewusst-Sein ist für mich die ultimative Arschlochbremse. Allerdings auch die mit Abstand anstrengendste. Daraus erwachsen zwar Selbstsicherheit und eine souveräne innere Ruhe, allerdings setzt es auch maximale Verletzlichkeit voraus.

Die amerikanische Autorin Brené Brown hält Verletzlichkeit – vulnerability – und den absoluten Glauben daran, liebenswert zu sein, für den Wesenskern wahrer Selbstsicherheit.[41] Für mich klingt das logisch, denn wer von sich selbst glaubt, es wert zu sein, geliebt zu werden, was soll dem schon passieren? Bitte nicht mit Arroganz oder Egoismus verwechseln. Das ist etwas anderes. Brown spricht in diesem Zusammenhang auch von Mut beziehungsweise Courage. Sie leitet »Courage« ab vom lateinischen »Cor meum«, durch mein Herz, ab. Fass dir ein Herz, ein Herz, nicht perfekt zu sein. Und so schließt sich der Kreis zum heutigen Ruf nach Authentizität, der immer lauter wird. Authentisch ist, wer sich ein Herz fasst und sich in seiner gesamten imperfekten Größe zeigt. Es ist nicht schön, nicht perfekt zu sein, aber das ist es, was uns ausmacht.

Perfektionismus verhindert Selbst-bewusst-Sein zu 100 Prozent. Das heißt nicht, dass wir nicht danach streben dürfen, besser zu werden. Im Gegenteil! Aber das darf uns nicht dazu verleiten, nur unsere guten Seiten nach außen und die schlechten unter den Teppich zu kehren. Irgendwann ist unter dem Teppich kein Platz mehr. Dann platzt es aus uns heraus, und wir mutieren zum Megaarschloch. Auch das passiert. Shit happens! Siehe Lance Armstrong. Aber wir brauchen gar nicht bis in die Promiwelt zu wandern, um solche Beispiele zu finden. Ein Blick in den Spiegel genügt in der Regel. Bei mir auch. Und ich habe längst nicht alle Beispiele, die ich von mir bringen könnte, gebracht. Bei Weitem nicht. Ich bin alles andere als perfekt. Ich verstehe nur langsam, aber sicher, was da vor sich geht.

Drei Tipps für mehr Selbst-bewusst-Sein

1. Entwickle eine gute Fehlerkultur. Jeder Mensch macht Fehler. Das lässt sich gar nicht vermeiden. Wäre auch doof, denn aus Fehlern lernen wir am meisten. Natürlich darf man sauer, traurig oder beschämt sein. Keine Frage. Wichtig ist, aus diesem Gefühl wieder herauszukommen und dann zu schauen, was wir daraus lernen können. Das darf auch gern eine Weile dauern.

2. Frage dich immer mal wieder: Ist die graue Masse zwischen meinen Ohren gerade mein Diener oder mein Meister? Bin ich Chefin in meinem eigenen Oberstübchen? Oder werde ich gerade von meinen Affengenen ferngesteuert? Gerade wenn uns etwas nervt oder ärgert, sind diese Fragen hilfreich. Dabei geht es nicht darum, immer voll reflektiert und gechillt durch die Gegend zu schweben. Ich winke immer mal wieder eine Affenreaktion durch und lasse sie laufen. Auch das gehört dazu. Wichtig ist: Es war meine Entscheidung!

3. Sei dein eigenes Vorbild! Schaue dir an, wie du gestern warst, und frage dich: Was will ich heute verbessern? Oder schaue dir an, wann und wo du schon richtig gut warst, und mache es einfach noch einmal so.

Nachwort:
Zum Schluss kackt die Ente

Im Grunde sind wir immer noch Affen. Zumindest verhalten wir uns so, wenn wir Arschlöcher sind. Damit tue ich den Affen unrecht, denn Affen sind hochsoziale Wesen. Menschliche Arschlöcher sind das in der Regel nicht, obwohl Menschen doch angeblich die Krone der Schöpfung sind. In einem Punkt sind wir das tatsächlich, denn wir sind – soweit wir wissen – die einzige Spezies, die über sich selbst nachdenken kann. Wir können unser Verhalten reflektieren. Wir können sogar darüber nachdenken, warum wir über etwas nachdenken. Das ist doch ziemlich abgefahren. Warum sind wir also so selten in der Lage, uns unserer selbst bewusst zu sein? Warum beherrscht uns unser Autopilot? Und warum können wir nicht einfach nur glücklich und zufrieden sein? Grund genug hätten wir doch dazu … Ich habe keine Ahnung. Vielleicht ist es so wie in dem alten Depeche-Mode-Song »Blasphemous rumors«: »I don't want to start any blasphemous rumors, but I think that God's got a sick sense of humor, and when I die, I expect to find Him laughing …«

Wir leben nachweislich in der besten Zeit, die die Menschheit je gesehen hat, und haben trotzdem das Gefühl, dass es uns so schlecht geht wie nie. Es gab noch nie so wenige Konflikte auf der Welt, und es sind noch nie so wenige Menschen an Hunger gestorben. Immer mehr Menschen haben Zugang zu sauberem Trinkwasser und zu sanitären Anlagen. Wir bekämpfen Probleme, die wir selbst verursacht haben, und die angeblich so apathische Jugend geht freitags auf die Straße, um den Erwachsenen Dampf in Bezug auf Klimaschutz zu machen. Junge Menschen stellen rein auf Shareholder-Value ausgerichtete Unternehmensziele offen infrage und arbeiten lieber für weniger Geld in gemeinnützigen Unternehmen. Es wird offen über ein bedingungsloses Grundeinkommen diskutiert, und 2018 engagierten sich rund 15 Millionen Deutsche in einem Ehrenamt[42]. Gar nicht so schlecht für eine vermeintliche Arschlochgesellschaft.

Damit das so bleibt und noch besser wird, macht es durchaus Sinn, sich mindestens genauso viel mit positiven wie mit negativen Nachrichten zu befassen. Wir bieten den negativen einfach zu viel Raum. Kein Wunder, dass wir der Meinung sind, alles sei so unfassbar schlecht. Zum Glück ist das ein klassischer Wahrnehmungsfehler. Das muss uns jetzt nur noch so richtig klar werden, damit wir aufgrund eines Wahrnehmungsfehlers nicht unglaublich dumme Entscheidungen treffen. Deutschland und Europa werden nicht von Flüchtlingen überrannt. Und die Flüchtlinge sind auch nicht schuld daran, dass es Menschen, die Hartz IV bekommen, schlecht geht. Das ist ein weiterer klassischer Denkfehler unseres Gehirns: Es kann hilfreich sein, komplizierte Probleme zu vereinfachen, in diesem Fall jedoch nicht. Wer sich fragt, warum es Menschen in diesem Land schlecht geht, muss den nächsten Schritt im Kopf vollziehen und schauen, welche Geldbeträge wo fehlen und wer diese Geldbeträge nicht bezahlt. Dabei geht es nicht um eine Umverteilung, sondern darum, herauszufinden, wo viel Geld ist und wer darauf hockt wie die Glucke auf den Eiern. Achtung, jetzt kommt ein wilder Gedanke! Wie wäre es denn damit, Unternehmensumsätze und -gewinne dort zu besteuern, wo sie entstehen? Und damit ist nicht die Rechte-Taschelinke-Tasche-Umsatzsteuer gemeint … Ich mag mich irren, aber ich könnte mir vorstellen, dass allein bei Amazon, Microsoft, Uber, Apple, Facebook & Co. ein riesiger Haufen neuer Steuern generiert werden wird. Okay, dann machen einige eben nicht mehr Milliarden Gewinne, sondern nur noch Millionen im zweistelligen Bereich … So what?

Shareholder-Value nützt nur ein paar wenigen. 2017 flossen 82 Prozent des weltweiten Wachstums in die Tasche von einem Prozent der Weltbevölkerung: den Reichsten[43]. Warum? Wozu braucht ein einzelner Mensch so viel Geld? In wie vielen Villen kann ich gleichzeitig leben? Und wie viele Zimmer braucht ein Haus?

Wenn ich mir die Tiny-House-Bewegung anschaue, nicht so wahnsinnig viele. Diese Bewegung ist für mich ein schönes Beispiel für einen Gegentrend, der mir persönlich Mut macht. Und er kommt aus der Mitte der Gesellschaft, aus der Gesellschaftsschicht, die Veränderungen immer wieder angestoßen und umgesetzt hat. Mir gefällt das wahnsinnig gut.

Was mir darüber hinaus gefällt, ist, dass wir uns – wenn auch nicht immer mit der nötigen Contenance – auseinandersetzen. Ja, jeder fällt dabei mal in den Arschlochmodus, aber alles in allem habe ich das Gefühl, dass wir zu einem guten Diskurs fähig sind. Provokation und auch mal über das Ziel hinauszuschießen gehört halt dazu. Wichtig ist nicht, dass wir keinerlei Fehler machen und uns nicht auch mal wie absolute Vollpfosten benehmen. Das lässt sich nicht vermeiden. Wichtig ist, dass wir es bemerken und uns dann wieder besinnen. Dass wir zurückrudern können, ohne dabei das Gefühl zu haben, im Boden versinken zu müssen. Zu den eigenen Unzulänglichkeiten zu stehen und sie nicht nur bei sich selbst, sondern auch bei anderen zu akzeptieren, das ist für mich aller Ehren wert. Das ist der Grund, warum ich ein hoffnungsvoller Optimist bin. Ich glaube fest daran, dass unsere schlechten Seiten auch immer gute Seiten mit sich bringen. Und wenn wir es schaffen, die guten zu hegen und zu pflegen, die schlechten zu akzeptieren und an ihnen zu wachsen, dann kann es die Menschheit trotz aller Probleme sehr weit bringen. Ich bin gespannt.

Dank

Eigentlich ist es doch ganz einfach, danke zu sagen. Aber mir geht der Arsch auf Grundeis, dass ich jemanden vergessen könnte – was mir mit Sicherheit passieren wird … Egal, einfach machen. Wird schon werden!

Mein größter Dank gilt auf jeden Fall meinem Mann. Schließlich muss er für einige meiner Geschichten in diesem Buch herhalten, und er nimmt es mit Gelassenheit und mit jeder Menge Humor. Außerdem erträgt er meine Hochs und Tiefs während des Schreibprozesses und im Leben mit einer Ruhe, die einfach wunderbar ist. Danke, mein Herz: Ich liebe dich!

Vielen Dank, lieber Florian Fischer, dass du mich im Internet entdeckt hast und an mich und meine Hamburger Schnauze glaubst! Ich bin immer noch total geflasht!

Ein großes Dankeschön geht an Nadine Lipp, die meine Zickenanfälle locker genommen und mich herausgefordert hat, dieses Buch besser zu machen.

Danke an das großartige Team von Droemer Knaur, das mir das Leben so herrlich leicht macht, dass ich schon wieder Lust habe, das nächste Buch zu schreiben.

Last but definitely not least: Vielen Dank den Leserinnen und Lesern! Es war mir ein Fest, dass ihr meinen Gedanken bis hierher gefolgt seid. Das freut mich wie verrückt!

Und danke an alle, die ich vergessen habe. Mit den Danksagungen ist es wie mit der Schlagfertigkeit. Eine halbe Stunde später fallen einem immer die besten Sachen ein. Dann ist es nur leider zu spät. Aber ich schreib's mir garantiert fürs nächste Mal auf.

Anmerkungen

1   https://www.zeit.de/zeit-wissen/2018/05/immanuel-kant-
     philosophie-menschsein-vernunft/seite-3.
2   https://www.zeit.de/politik/ausland/2019-06/fluechtlingshilfe-
     kriminalisierung-seenotrettung-sea-watch-migration.
3   https://www.welt.de/gesundheit/psychologie/article5393400/
     Warum-der-Mensch-zur-Schadenfreude-neigt.html.
4   Frans de Waal: Das Prinzip Empathie. Was wir von der Natur für
     eine bessere Gesellschaft lernen können. Hanser 2011;
     Frans de Waal: Der Mensch, der Bonobo und die Zehn Gebote.
     Moral ist älter als Religion. Klett-Cotta 2016.
5   https://www.zeit.de/2018/10/mitgefuehl-empathie-politik-
     verstand.
6   https://www.dasgehirn.info/aktuell/kurznachrichten/
     kurznachrichten-kann-man-mitgefuehl-ueben.
7   https://www.wissenschaft-aktuell.de/artikel/Empathiefaehigkeit_
     zum_Teil_angeboren1771015590378.html.
8   https://www.wissenschaft-aktuell.de/artikel/Sozialer_Stress_
     schwaecht_Empathie1771015589731.html.
9   Sarah F. Brosnan, Frans B. M. de Waal: »Monkeys reject unequal
     pay«, in: *Nature* 425, 18. September 2003.
10   https://www.spektrum.de/lexikon/psychologie/
     urteilsfehler/16078.
11   https://www.spektrum.de/lexikon/psychologie/
     hypothesengeleitete-wahrnehmung/6873.
12   https://www.dasgehirn.info/handeln/ernaehrung/
     das-gehirn-hat-immer-hunger.
13   Daniel Kahneman: Schnelles Denken, langsames Denken.
     Penguin 2016.
14   Yuval Noah Harari: Eine kurze Geschichte der Menschheit.
     Pantheon 2011.
15   https://www.geo.de/wissen/gesundheit/18160-rtkl-kognitive-
     dissonanz-warum-wir-uns-so-leicht-selbst-betruegen.

16   Jorge Moll, Jordan Grafman: Human Fronto-Mesolimbic Networks Guide Decisions about charitable Donation, Oktober 2006.

17   https://www.spektrum.de/news/was-macht-mit-uns-macht/1416651.

18   https://www.spektrum.de/news/was-macht-mit-uns-macht/1416651.

19   https://www.spektrum.de/news/was-macht-mit-uns-macht/1416651.

20   https://www.spektrum.de/news/was-macht-mit-uns-macht/1416651.

21   Siehe das Kapitel »Moral und Gesellschaft« in Richard David Precht: Die Kunst, kein Egoist zu sein. Goldmann 2012.

22   https://portal.hogrefe.com/dorsch/selbstkonzept/.

23   Siehe das Kapitel »Das Milgram Experiment. Wie wir Grenzen verschieben« in Richard David Precht: Die Kunst kein Egoist zu sein. Goldmann 2012.

24   https://www.spektrum.de/lexikon/psychologie/bestaetigungstendenz/2224.

25   https://www.wertesysteme.de/werte-glossar/ethik-moral-recht/.

26   https://www.sueddeutsche.de/wissen/fremdenfeindlichkeit-nach-9-11-die-wurzeln-der-angst-1.1140450.

27   https://de.statista.com/statistik/daten/studie/256878/umfrage/verteilung-der-weltbevoelkerung-nach-religionen/.

28   Gerald Hüther: Würde – Was uns stark macht – als Einzelne und als Gesellschaft. Knaus 2018.

29   http://www.gbv.de/dms/mpib-toc/792592018.pdf.

30   https://www.youtube.com/watch?v=qHJR57BuGYM.

31   https://www.zeit.de/wissen/gesundheit/2016-09/lockerlassen-steve-ayan-weniger-denken/seite-2.

32   https://www.impulse.de/management/selbstmanagement-erfolg/woop/7302190.html.

33   https://austria-forum.org/af/Sparkling_Science.

34   https://www.spektrum.de/news/die-wiederentdeckung-des-willens/1341194.

35 Steve Alan: Bitte recht fröhlich, in: *Gehirn & Geist Spezial: Humor und positive Emotionen*, 1/2019.

36 Ebd.

37 https://www.zeit.de/2014/01/erforscht-und-erfunden.

38 Vera F. Birkenbihl: »Humor in unserem Leben«, Vortrag vom 3. Februar 2013, https://www.youtube.com/watch?v=luk8x1szxrE.

39 Vortrag Tyler Hamilton auf dem Discovery Vitality Summit 2013, https://www.youtube.com/watch?v=aK61nmEBTcc.

40 Lance Armstrong, Next Stage, Full Interview, NBC Sports: https://www.youtube.com/watch?v=ac_x4ucbReo.

41 TED Talk mit Brené Brown über »Die Macht der Verletzlichkeit«, https://www.ted.com/talks/brene_brown_on_vulnerability?language=de.

42 https://de.statista.com/statistik/daten/studie/173632/umfrage/verbreitung-ehrenamtlicher-arbeit/.

43 https://www.welt.de/wirtschaft/article172684758/Oxfam-42-Milliardaere-besitzen-so-viel-wie-die-halbe-Welt.html.

Literatur

Bücher

Yuval Noah Harari: Eine kurze Geschichte der Menschheit.
   Pantheon 2015.
Gerald Hüther: Würde. Was uns stark macht – als Einzelne und als
   Gesellschaft. Knaus 2018.
Daniel Kahneman: Schnelles Denken, langsames Denken.
   Penguin 2016.
Richard David Precht: Die Kunst, kein Egoist zu sein. Goldmann
   2012.
Richard David Precht: Anna, die Schule und der liebe Gott.
   Goldmann 2014.
Frans de Waal: Das Prinzip Empathie. Hanser 2011.
Frans de Waal: Der Mensch, der Bonobo und die Zehn Gebote.
   Klett-Cotta 2016.

Artikel, Radio, Fernsehen

Corinna Budras: »Cum-Ex-Geschäfte: Jetzt büßen die Banker«,
   in: *Frankfurter Allgemeine Zeitung*, 9. Juni 2019.
Jenny Carchmann, Walter Greifenstein, Timo Großpietsch:
   »Erleuchte uns. Vom Aufstieg und Fall eines Selbsthilfe-Gurus«,
   NDR, 2018.
Peter Carstens: »Kognitive Dissonanz: Warum wir uns so leicht
   selbst betrügen«, *GEO Magazin*, 10. Januar 2018.
Joachim Czicho: »Sozialer Stress schwächt Empathie«,
   wissenschaft-aktuell.de, 16. Januar 2015.
Joachim Czicho: »Empathiefähigkeit zum Teil angeboren«,
   wissenschaft-aktuell.de, 12. Juni 2017.
Sascha Karberg: »Empathie: Emotion oder Genetik«,
   dasGehirn.info, 1. Dezember 2011.
Roland Kirbach: »Menschenwürde: Zum Abschuss freigegeben«,
   in: *Die Zeit*, 9. Juni 2005.

Martin Klingst: »Flüchtlingshilfe: Wenn Retter zu Tätern erklärt werden«, in: *Die Zeit,* 17. Juni 2019.

Michelle Kreisel: »Bewusstseinsforschung«, Aufsatzsammlung Sparkling Science, Wissenschaft im Austria-Forum, 2013.

Linda Luft, Joachim Grimm, Matthias Bremer, Bettina Wieselhuber, Gita Datta: »Das Experiment mit Linda Zervakis. Wie viel Herdentier steckt in uns?«, NDR Dokumentation, 2017.

Amadeus Magrabi: »Die Wiederentdeckung des Willens«, in: *Spektrum der Wissenschaft,* 9. April 2019.

Andreas Maisch: »Warum der Mensch zur Schadenfreude neigt«, in: *Die Welt,* 1. Dezember 2009.

Jorge Moll, Jordan Grafman: »Human Fronto-Mesolimbic Networks Guide Decisions about charitable Donation«, PNAS, 2006.

Moritz Neumeier und Till Reiners: »Talk ohne Gast«, Podcast NJOY und Fritz Radio, 2018.

Nicole Paschek: »Das Gehirn hat immer Hunger«, *dasGehirn.info,* 1. März 2018.

Theodor Schaarschmidt: »Was Macht mit uns macht«, *Spektrum der Wissenschaft,* 18. Juli 2016.

Dorothée Schmidt: »WOOP. Mit dieser Methode erreichen Sie Ihre Ziele«, *impulse.de,* 14. Januar 2019.

Markus C. Schulte von Drach: »Fremdenfeindlichkeit: Die Wurzeln der Angst«, *Süddeutsche Zeitung,* 9. September 2011.

Volkart Wildermuth, »Der kleine Unterschied – Menschen und Affen nutzen Gene anders«, Deutschlandfunk 2016.

Carolin Würfel: »Mitgefühl: Das süße Gift der Empathie«, in: *Die Zeit,* 2. März 2018.